THIS BOOK
BELONGS TO:

____________________

____________________

# HomeSchool Ink.

www.facebook.com/JournalsInk



## - REVIEWS -

**YOUR THOUGHTS AND REVIEWS ARE ALWAYS APPRECIATED ON AMAZON, JUST - ONE OR TWO LINES IS HELPFUL**

**THANK YOU - ENJOY THE BOOK!**

# MULTIPLICATION & DIVISION CHAPTERS

# CHAPTER 1

Score ____________________ Date ____________________

| | | | | | | | |
|---|---|---|---|---|---|---|---|
| 3 × 3 = *9* | 1 × 3 = *3* | 9 × 2 = *18* | 8 × 3 = *16* | 4 × 8 = *32* | 7 × 7 = *49* | 1 × 0 = *0* | 8 × 0 = *0* |
| 3 × 0 = *0* | 4 × 4 = *16* | 0 × 6 = *0* | 9 × 7 = *63* | 5 × 1 = *5* | 8 × 8 = *64* | 9 × 5 = *45* | 5 × 3 = *15* |
| 7 × 1 = *7* | 4 × 0 = *0* | 8 × 1 = *8* | 1 × 7 = *7* | 6 × 6 = *36* | 7 × 6 = *42* | 2 × 8 = *16* | 2 × 0 = *0* |
| 1 × 1 = *1* | 5 × 8 = *40* | 5 × 5 = *25* | 9 × 4 = *36* | 2 × 9 = *18* | 1 × 2 = *2* | 5 × 2 = *10* | 3 × 5 = *15* |
| 1 × 8 = *8* | 4 × 9 = *36* | 3 × 8 = *24* | 8 × 9 = *72* | 9 × 0 = *0* | 0 × 7 = *0* | 7 × 0 = *0* | 6 × 9 = *54* |
| 7 × 2 = *14* | 8 × 7 = *56* | 3 × 9 = *27* | 9 × 1 = *9* | 1 × 9 = *9* | 0 × 0 = *0* | 9 × 9 = *81* | 7 × 9 = *63* |
| 6 × 8 = *48* | 4 × 3 = *12* | | | | | | |

## Answer Key

| | | | | | | | |
|---|---|---|---|---|---|---|---|
| 3 | 1 | 9 | 8 | 4 | 7 | 1 | 8 |
| × 3 | × 3 | × 2 | × 3 | × 8 | × 7 | × 0 | × 0 |
| 9 | 3 | 18 | 24 | 32 | 49 | 0 | 0 |
| 3 | 4 | 0 | 9 | 5 | 8 | 9 | 5 |
| × 0 | × 4 | × 6 | × 7 | × 1 | × 8 | × 5 | × 3 |
| 0 | 16 | 0 | 63 | 5 | 64 | 45 | 15 |
| 7 | 4 | 8 | 1 | 6 | 7 | 2 | 2 |
| × 1 | × 0 | × 1 | × 7 | × 6 | × 6 | × 8 | × 0 |
| 7 | 0 | 8 | 7 | 36 | 42 | 16 | 0 |
| 1 | 5 | 5 | 9 | 2 | 1 | 5 | 3 |
| × 1 | × 8 | × 5 | × 4 | × 9 | × 2 | × 2 | × 5 |
| 1 | 40 | 25 | 36 | 18 | 2 | 10 | 15 |
| 1 | 4 | 3 | 8 | 9 | 0 | 7 | 6 |
| × 8 | × 9 | × 8 | × 9 | × 0 | × 7 | × 0 | × 9 |
| 8 | 36 | 24 | 72 | 0 | 0 | 0 | 54 |
| 7 | 8 | 3 | 9 | 1 | 0 | 9 | 7 |
| × 2 | × 7 | × 9 | × 1 | × 9 | × 0 | × 9 | × 9 |
| 14 | 56 | 27 | 9 | 9 | 0 | 81 | 63 |
| 6 | 4 | | | | | | |
| × 8 | × 3 | | | | | | |
| 48 | 12 | | | | | | |

Score ____________________ Date ____________________

| | | | | | | | |
|---|---|---|---|---|---|---|---|
| 0 × 6 | 3 × 3 | 2 × 6 | 1 × 1 | 7 × 7 | 0 × 7 | 0 × 0 | 9 × 5 |
| 6 × 1 | 4 × 6 | 2 × 1 | 8 × 7 | 4 × 7 | 4 × 5 | 8 × 3 | 3 × 2 |
| 7 × 9 | 3 × 1 | 4 × 0 | 9 × 6 | 2 × 2 | 6 × 9 | 5 × 4 | 8 × 5 |
| 9 × 1 | 6 × 5 | 9 × 4 | 1 × 6 | 0 × 1 | 9 × 8 | 6 × 6 | 3 × 0 |
| 7 × 3 | 6 × 4 | 1 × 2 | 5 × 6 | 4 × 1 | 8 × 4 | 5 × 9 | 7 × 1 |
| 4 × 4 | 1 × 3 | 5 × 2 | 7 × 6 | 6 × 8 | 5 × 8 | 7 × 8 | 2 × 4 |
| 8 × 9 | 8 × 8 | | | | | | |

## Answer Key

| | | | | | | | |
|---|---|---|---|---|---|---|---|
| 0 | 3 | 2 | 1 | 7 | 0 | 0 | 9 |
| × 6 | × 3 | × 6 | × 1 | × 7 | × 7 | × 0 | × 5 |
| 0 | 9 | 12 | 1 | 49 | 0 | 0 | 45 |

| | | | | | | | |
|---|---|---|---|---|---|---|---|
| 6 | 4 | 2 | 8 | 4 | 4 | 8 | 3 |
| × 1 | × 6 | × 1 | × 7 | × 7 | × 5 | × 3 | × 2 |
| 6 | 24 | 2 | 56 | 28 | 20 | 24 | 6 |

| | | | | | | | |
|---|---|---|---|---|---|---|---|
| 7 | 3 | 4 | 9 | 2 | 6 | 5 | 8 |
| × 9 | × 1 | × 0 | × 6 | × 2 | × 9 | × 4 | × 5 |
| 63 | 3 | 0 | 54 | 4 | 54 | 20 | 40 |

| | | | | | | | |
|---|---|---|---|---|---|---|---|
| 9 | 6 | 9 | 1 | 0 | 9 | 6 | 3 |
| × 1 | × 5 | × 4 | × 6 | × 1 | × 8 | × 6 | × 0 |
| 9 | 30 | 36 | 6 | 0 | 72 | 36 | 0 |

| | | | | | | | |
|---|---|---|---|---|---|---|---|
| 7 | 6 | 1 | 5 | 4 | 8 | 5 | 7 |
| × 3 | × 4 | × 2 | × 6 | × 1 | × 4 | × 9 | × 1 |
| 21 | 24 | 2 | 30 | 4 | 32 | 45 | 7 |

| | | | | | | | |
|---|---|---|---|---|---|---|---|
| 4 | 1 | 5 | 7 | 6 | 5 | 7 | 2 |
| × 4 | × 3 | × 2 | × 6 | × 8 | × 8 | × 8 | × 4 |
| 16 | 3 | 10 | 42 | 48 | 40 | 56 | 8 |

| | |
|---|---|
| 8 | 8 |
| × 9 | × 8 |
| 72 | 64 |

Score ____________________ Date ____________________

| | | | | | | | |
|---|---|---|---|---|---|---|---|
| 4 × 1 = 4 | 2 × 3 = 2 | 7 × 0 = 0 | 9 × 2 = 18 | 9 × 1 = 9 | 3 × 4 = 12 | 5 × 9 = 45 | 2 × 8 = 16 |
| 3 × 2 = 6 | 6 × 5 = 30 | 0 × 8 = 0 | 6 × 1 = 6 | 1 × 6 = 6 | 2 × 9 = 18 | 4 × 3 = 12 | 3 × 7 = 21 |
| 0 × 5 = 0 | 0 × 3 = 0 | 6 × 4 = 24 | 4 × 2 = 8 | 0 × 4 = 0 | 4 × 4 = 12 | 6 × 8 = 48 | 7 × 4 = 49 |
| 0 × 2 = 0 | 4 × 0 = 0 | 8 × 4 = 32 | 8 × 8 = 64 | 0 × 9 = 0 | 7 × 7 = 49 | 2 × 0 = 0 | 2 × 4 = 8 |
| 2 × 5 = 10 | 7 × 5 = 35 | 4 × 9 = 36 | 1 × 9 = 9 | 6 × 7 = 42 | 2 × 7 = 14 | 9 × 9 = 81 | 8 × 7 = 56 |
| 7 × 6 = 42 | 6 × 2 = 12 | 4 × 8 = 32 | 9 × 6 = 54 | 6 × 6 = 36 | 1 × 8 = 8 | 8 × 2 = 16 | 2 × 1 = 2 |
| 7 × 3 = 21 | 3 × 6 = 18 | | | | | | |

## Answer Key

| | | | | | | | |
|---|---|---|---|---|---|---|---|
| 4 | 2 | 7 | 9 | 9 | 3 | 5 | 2 |
| × 1 | × 3 | × 0 | × 2 | × 1 | × 4 | × 9 | × 8 |
| 4 | 6 | 0 | 18 | 9 | 12 | 45 | 16 |
| 3 | 6 | 0 | 6 | 1 | 2 | 4 | 3 |
| × 2 | × 5 | × 8 | × 1 | × 6 | × 9 | × 3 | × 7 |
| 6 | 30 | 0 | 6 | 6 | 18 | 12 | 21 |
| 0 | 0 | 6 | 4 | 0 | 4 | 6 | 7 |
| × 5 | × 3 | × 4 | × 2 | × 4 | × 4 | × 8 | × 4 |
| 0 | 0 | 24 | 8 | 0 | 16 | 48 | 28 |
| 0 | 4 | 8 | 8 | 0 | 7 | 2 | 2 |
| × 2 | × 0 | × 4 | × 8 | × 9 | × 7 | × 0 | × 4 |
| 0 | 0 | 32 | 64 | 0 | 49 | 0 | 8 |
| 2 | 7 | 4 | 1 | 6 | 2 | 9 | 8 |
| × 5 | × 5 | × 9 | × 9 | × 7 | × 7 | × 9 | × 7 |
| 10 | 35 | 36 | 9 | 42 | 14 | 81 | 56 |
| 7 | 6 | 4 | 9 | 6 | 1 | 8 | 2 |
| × 6 | × 2 | × 8 | × 6 | × 6 | × 8 | × 2 | × 1 |
| 42 | 12 | 32 | 54 | 36 | 8 | 16 | 2 |
| 7 | 3 | | | | | | |
| × 3 | × 6 | | | | | | |
| 21 | 18 | | | | | | |

Score ____________________ Date ____________________

| | | | | | | | |
|---|---|---|---|---|---|---|---|
| 0<br>× 0 | 9<br>× 3 | 1<br>× 9 | 3<br>× 9 | 2<br>× 6 | 4<br>× 9 | 6<br>× 7 | 2<br>× 4 |
| 6<br>× 4 | 0<br>× 8 | 1<br>× 3 | 7<br>× 7 | 8<br>× 4 | 5<br>× 7 | 7<br>× 2 | 3<br>× 2 |
| 0<br>× 7 | 5<br>× 2 | 6<br>× 1 | 7<br>× 4 | 3<br>× 3 | 5<br>× 1 | 8<br>× 7 | 1<br>× 4 |
| 3<br>× 0 | 6<br>× 8 | 0<br>× 5 | 8<br>× 9 | 5<br>× 9 | 9<br>× 4 | 1<br>× 0 | 7<br>× 8 |
| 4<br>× 5 | 2<br>× 0 | 0<br>× 6 | 5<br>× 8 | 6<br>× 3 | 9<br>× 2 | 6<br>× 9 | 3<br>× 4 |
| 4<br>× 4 | 4<br>× 7 | 9<br>× 9 | 1<br>× 6 | 5<br>× 6 | 5<br>× 5 | 9<br>× 1 | 9<br>× 8 |
| 9<br>× 6 | 7<br>× 5 | | | | | | |

## Answer Key

| | | | | | | | |
|---|---|---|---|---|---|---|---|
| $\begin{array}{r} 0 \\ \times\ 0 \\ \hline 0 \end{array}$ | $\begin{array}{r} 9 \\ \times\ 3 \\ \hline 27 \end{array}$ | $\begin{array}{r} 1 \\ \times\ 9 \\ \hline 9 \end{array}$ | $\begin{array}{r} 3 \\ \times\ 9 \\ \hline 27 \end{array}$ | $\begin{array}{r} 2 \\ \times\ 6 \\ \hline 12 \end{array}$ | $\begin{array}{r} 4 \\ \times\ 9 \\ \hline 36 \end{array}$ | $\begin{array}{r} 6 \\ \times\ 7 \\ \hline 42 \end{array}$ | $\begin{array}{r} 2 \\ \times\ 4 \\ \hline 8 \end{array}$ |
| $\begin{array}{r} 6 \\ \times\ 4 \\ \hline 24 \end{array}$ | $\begin{array}{r} 0 \\ \times\ 8 \\ \hline 0 \end{array}$ | $\begin{array}{r} 1 \\ \times\ 3 \\ \hline 3 \end{array}$ | $\begin{array}{r} 7 \\ \times\ 7 \\ \hline 49 \end{array}$ | $\begin{array}{r} 8 \\ \times\ 4 \\ \hline 32 \end{array}$ | $\begin{array}{r} 5 \\ \times\ 7 \\ \hline 35 \end{array}$ | $\begin{array}{r} 7 \\ \times\ 2 \\ \hline 14 \end{array}$ | $\begin{array}{r} 3 \\ \times\ 2 \\ \hline 6 \end{array}$ |
| $\begin{array}{r} 0 \\ \times\ 7 \\ \hline 0 \end{array}$ | $\begin{array}{r} 5 \\ \times\ 2 \\ \hline 10 \end{array}$ | $\begin{array}{r} 6 \\ \times\ 1 \\ \hline 6 \end{array}$ | $\begin{array}{r} 7 \\ \times\ 4 \\ \hline 28 \end{array}$ | $\begin{array}{r} 3 \\ \times\ 3 \\ \hline 9 \end{array}$ | $\begin{array}{r} 5 \\ \times\ 1 \\ \hline 5 \end{array}$ | $\begin{array}{r} 8 \\ \times\ 7 \\ \hline 56 \end{array}$ | $\begin{array}{r} 1 \\ \times\ 4 \\ \hline 4 \end{array}$ |
| $\begin{array}{r} 3 \\ \times\ 0 \\ \hline 0 \end{array}$ | $\begin{array}{r} 6 \\ \times\ 8 \\ \hline 48 \end{array}$ | $\begin{array}{r} 0 \\ \times\ 5 \\ \hline 0 \end{array}$ | $\begin{array}{r} 8 \\ \times\ 9 \\ \hline 72 \end{array}$ | $\begin{array}{r} 5 \\ \times\ 9 \\ \hline 45 \end{array}$ | $\begin{array}{r} 9 \\ \times\ 4 \\ \hline 36 \end{array}$ | $\begin{array}{r} 1 \\ \times\ 0 \\ \hline 0 \end{array}$ | $\begin{array}{r} 7 \\ \times\ 8 \\ \hline 56 \end{array}$ |
| $\begin{array}{r} 4 \\ \times\ 5 \\ \hline 20 \end{array}$ | $\begin{array}{r} 2 \\ \times\ 0 \\ \hline 0 \end{array}$ | $\begin{array}{r} 0 \\ \times\ 6 \\ \hline 0 \end{array}$ | $\begin{array}{r} 5 \\ \times\ 8 \\ \hline 40 \end{array}$ | $\begin{array}{r} 6 \\ \times\ 3 \\ \hline 18 \end{array}$ | $\begin{array}{r} 9 \\ \times\ 2 \\ \hline 18 \end{array}$ | $\begin{array}{r} 6 \\ \times\ 9 \\ \hline 54 \end{array}$ | $\begin{array}{r} 3 \\ \times\ 4 \\ \hline 12 \end{array}$ |
| $\begin{array}{r} 4 \\ \times\ 4 \\ \hline 16 \end{array}$ | $\begin{array}{r} 4 \\ \times\ 7 \\ \hline 28 \end{array}$ | $\begin{array}{r} 9 \\ \times\ 9 \\ \hline 81 \end{array}$ | $\begin{array}{r} 1 \\ \times\ 6 \\ \hline 6 \end{array}$ | $\begin{array}{r} 5 \\ \times\ 6 \\ \hline 30 \end{array}$ | $\begin{array}{r} 5 \\ \times\ 5 \\ \hline 25 \end{array}$ | $\begin{array}{r} 9 \\ \times\ 1 \\ \hline 9 \end{array}$ | $\begin{array}{r} 9 \\ \times\ 8 \\ \hline 72 \end{array}$ |
| $\begin{array}{r} 9 \\ \times\ 6 \\ \hline 54 \end{array}$ | $\begin{array}{r} 7 \\ \times\ 5 \\ \hline 35 \end{array}$ | | | | | | |

Score ______________________ Date ______________________

| | | | | | | | |
|---|---|---|---|---|---|---|---|
| 6 × 8 | 3 × 8 | 1 × 7 | 0 × 2 | 2 × 7 | 3 × 6 | 3 × 9 | 8 × 8 |
| 4 × 5 | 4 × 3 | 9 × 6 | 8 × 4 | 6 × 0 | 7 × 9 | 4 × 0 | 1 × 2 |
| 0 × 8 | 0 × 5 | 0 × 9 | 3 × 2 | 9 × 8 | 6 × 9 | 8 × 7 | 9 × 3 |
| 8 × 3 | 2 × 3 | 3 × 0 | 4 × 1 | 0 × 3 | 9 × 5 | 2 × 5 | 7 × 6 |
| 5 × 5 | 8 × 6 | 8 × 2 | 9 × 0 | 4 × 9 | 5 × 4 | 6 × 6 | 1 × 1 |
| 3 × 7 | 1 × 3 | 2 × 4 | 4 × 7 | 5 × 7 | 9 × 1 | 2 × 1 | 5 × 3 |
| 8 × 9 | 9 × 7 | | | | | | |

## Answer Key

| | | | | | | | |
|---|---|---|---|---|---|---|---|
| 6 × 8 = 48 | 3 × 8 = 24 | 1 × 7 = 7 | 0 × 2 = 0 | 2 × 7 = 14 | 3 × 6 = 18 | 3 × 9 = 27 | 8 × 8 = 64 |
| 4 × 5 = 20 | 4 × 3 = 12 | 9 × 6 = 54 | 8 × 4 = 32 | 6 × 0 = 0 | 7 × 9 = 63 | 4 × 0 = 0 | 1 × 2 = 2 |
| 0 × 8 = 0 | 0 × 5 = 0 | 0 × 9 = 0 | 3 × 2 = 6 | 9 × 8 = 72 | 6 × 9 = 54 | 8 × 7 = 56 | 9 × 3 = 27 |
| 8 × 3 = 24 | 2 × 3 = 6 | 3 × 0 = 0 | 4 × 1 = 4 | 0 × 3 = 0 | 9 × 5 = 45 | 2 × 5 = 10 | 7 × 6 = 42 |
| 5 × 5 = 25 | 8 × 6 = 48 | 8 × 2 = 16 | 9 × 0 = 0 | 4 × 9 = 36 | 5 × 4 = 20 | 6 × 6 = 36 | 1 × 1 = 1 |
| 3 × 7 = 21 | 1 × 3 = 3 | 2 × 4 = 8 | 4 × 7 = 28 | 5 × 7 = 35 | 9 × 1 = 9 | 2 × 1 = 2 | 5 × 3 = 15 |
| 8 × 9 = 72 | 9 × 7 = 63 | | | | | | |

Score ____________________ Date ____________________

| | | | | | | | |
|---|---|---|---|---|---|---|---|
| 2 × 3 | 9 × 2 | 4 × 2 | 0 × 0 | 7 × 5 | 0 × 5 | 9 × 8 | 2 × 4 |
| 3 × 1 | 2 × 1 | 3 × 8 | 8 × 2 | 1 × 9 | 8 × 8 | 9 × 5 | 9 × 4 |
| 5 × 2 | 5 × 7 | 1 × 5 | 5 × 1 | 7 × 9 | 4 × 0 | 2 × 0 | 7 × 1 |
| 1 × 6 | 3 × 2 | 5 × 4 | 1 × 0 | 9 × 9 | 0 × 9 | 6 × 0 | 6 × 7 |
| 2 × 7 | 6 × 4 | 0 × 3 | 4 × 4 | 0 × 2 | 1 × 8 | 4 × 1 | 7 × 2 |
| 6 × 3 | 5 × 9 | 3 × 7 | 4 × 8 | 9 × 6 | 0 × 4 | 1 × 4 | 7 × 4 |
| 6 × 9 | 6 × 6 | | | | | | |

## Answer Key

| | | | | | | | |
|---|---|---|---|---|---|---|---|
| 2<br>× 3<br>6 | 9<br>× 2<br>18 | 4<br>× 2<br>8 | 0<br>× 0<br>0 | 7<br>× 5<br>35 | 0<br>× 5<br>0 | 9<br>× 8<br>72 | 2<br>× 4<br>8 |
| 3<br>× 1<br>3 | 2<br>× 1<br>2 | 3<br>× 8<br>24 | 8<br>× 2<br>16 | 1<br>× 9<br>9 | 8<br>× 8<br>64 | 9<br>× 5<br>45 | 9<br>× 4<br>36 |
| 5<br>× 2<br>10 | 5<br>× 7<br>35 | 1<br>× 5<br>5 | 5<br>× 1<br>5 | 7<br>× 9<br>63 | 4<br>× 0<br>0 | 2<br>× 0<br>0 | 7<br>× 1<br>7 |
| 1<br>× 6<br>6 | 3<br>× 2<br>6 | 5<br>× 4<br>20 | 1<br>× 0<br>0 | 9<br>× 9<br>81 | 0<br>× 9<br>0 | 6<br>× 0<br>0 | 6<br>× 7<br>42 |
| 2<br>× 7<br>14 | 6<br>× 4<br>24 | 0<br>× 3<br>0 | 4<br>× 4<br>16 | 0<br>× 2<br>0 | 1<br>× 8<br>8 | 4<br>× 1<br>4 | 7<br>× 2<br>14 |
| 6<br>× 3<br>18 | 5<br>× 9<br>45 | 3<br>× 7<br>21 | 4<br>× 8<br>32 | 9<br>× 6<br>54 | 0<br>× 4<br>0 | 1<br>× 4<br>4 | 7<br>× 4<br>28 |
| 6<br>× 9<br>54 | 6<br>× 6<br>36 | | | | | | |

Score ____________________ Date ____________________

| | | | | | | | |
|---|---|---|---|---|---|---|---|
| $4 \times 8$ = 32 | $6 \times 8$ = 48 | $7 \times 7$ | $9 \times 7$ | $0 \times 4$ | $8 \times 5$ | $8 \times 8$ | $9 \times 2$ |
| $3 \times 1$ | $2 \times 6$ | $2 \times 9$ | $4 \times 5$ | $4 \times 0$ | $6 \times 0$ | $1 \times 2$ | $4 \times 1$ |
| $7 \times 3$ | $5 \times 7$ | $3 \times 5$ | $0 \times 7$ | $8 \times 7$ | $5 \times 5$ | $0 \times 2$ | $5 \times 0$ |
| $9 \times 5$ | $8 \times 3$ | $8 \times 0$ | $2 \times 3$ | $2 \times 2$ | $0 \times 3$ | $5 \times 8$ | $6 \times 1$ |
| $3 \times 8$ | $6 \times 9$ | $9 \times 0$ | $6 \times 6$ | $4 \times 4$ | $2 \times 4$ | $9 \times 9$ | $7 \times 8$ |
| $7 \times 4$ | $3 \times 7$ | $1 \times 0$ | $6 \times 7$ | $4 \times 7$ | $3 \times 3$ | $2 \times 8$ | $5 \times 3$ |
| $8 \times 4$ | $9 \times 8$ | | | | | | |

## Answer Key

| | | | | | | | |
|---|---|---|---|---|---|---|---|
| 4 | 6 | 7 | 9 | 0 | 8 | 8 | 9 |
| × 8 | × 8 | × 7 | × 7 | × 4 | × 5 | × 8 | × 2 |
| 32 | 48 | 49 | 63 | 0 | 40 | 64 | 18 |
| 3 | 2 | 2 | 4 | 4 | 6 | 1 | 4 |
| × 1 | × 6 | × 9 | × 5 | × 0 | × 0 | × 2 | × 1 |
| 3 | 12 | 18 | 20 | 0 | 0 | 2 | 4 |
| 7 | 5 | 3 | 0 | 8 | 5 | 0 | 5 |
| × 3 | × 7 | × 5 | × 7 | × 7 | × 5 | × 2 | × 0 |
| 21 | 35 | 15 | 0 | 56 | 25 | 0 | 0 |
| 9 | 8 | 8 | 2 | 2 | 0 | 5 | 6 |
| × 5 | × 3 | × 0 | × 3 | × 2 | × 3 | × 8 | × 1 |
| 45 | 24 | 0 | 6 | 4 | 0 | 40 | 6 |
| 3 | 6 | 9 | 6 | 4 | 2 | 9 | 7 |
| × 8 | × 9 | × 0 | × 6 | × 4 | × 4 | × 9 | × 8 |
| 24 | 54 | 0 | 36 | 16 | 8 | 81 | 56 |
| 7 | 3 | 1 | 6 | 4 | 3 | 2 | 5 |
| × 4 | × 7 | × 0 | × 7 | × 7 | × 3 | × 8 | × 3 |
| 28 | 21 | 0 | 42 | 28 | 9 | 16 | 15 |
| 8 | 9 | | | | | | |
| × 4 | × 8 | | | | | | |
| 32 | 72 | | | | | | |

Score ______________________ Date ______________________

| | | | | | | | |
|---|---|---|---|---|---|---|---|
| 8 × 9 | 6 × 6 | 9 × 3 | 8 × 0 | 1 × 2 | 7 × 0 | 7 × 4 | 5 × 5 |
| 9 × 1 | 8 × 1 | 7 × 7 | 4 × 2 | 2 × 2 | 5 × 0 | 4 × 6 | 3 × 8 |
| 1 × 4 | 9 × 8 | 6 × 7 | 4 × 9 | 3 × 5 | 1 × 7 | 7 × 8 | 1 × 6 |
| 6 × 5 | 2 × 3 | 7 × 5 | 7 × 9 | 1 × 5 | 9 × 7 | 0 × 4 | 1 × 0 |
| 6 × 8 | 0 × 6 | 8 × 7 | 5 × 6 | 5 × 4 | 4 × 8 | 9 × 4 | 7 × 6 |
| 3 × 9 | 2 × 0 | 1 × 1 | 4 × 5 | 3 × 1 | 8 × 4 | 6 × 9 | 0 × 9 |
| 5 × 1 | 8 × 6 | | | | | | |

## Answer Key

| | | | | | | | |
|---|---|---|---|---|---|---|---|
| 8 | 6 | 9 | 8 | 1 | 7 | 7 | 5 |
| × 9 | × 6 | × 3 | × 0 | × 2 | × 0 | × 4 | × 5 |
| 72 | 36 | 27 | 0 | 2 | 0 | 28 | 25 |
| | | | | | | | |
| 9 | 8 | 7 | 4 | 2 | 5 | 4 | 3 |
| × 1 | × 1 | × 7 | × 2 | × 2 | × 0 | × 6 | × 8 |
| 9 | 8 | 49 | 8 | 4 | 0 | 24 | 24 |
| | | | | | | | |
| 1 | 9 | 6 | 4 | 3 | 1 | 7 | 1 |
| × 4 | × 8 | × 7 | × 9 | × 5 | × 7 | × 8 | × 6 |
| 4 | 72 | 42 | 36 | 15 | 7 | 56 | 6 |
| | | | | | | | |
| 6 | 2 | 7 | 7 | 1 | 9 | 0 | 1 |
| × 5 | × 3 | × 5 | × 9 | × 5 | × 7 | × 4 | × 0 |
| 30 | 6 | 35 | 63 | 5 | 63 | 0 | 0 |
| | | | | | | | |
| 6 | 0 | 8 | 5 | 5 | 4 | 9 | 7 |
| × 8 | × 6 | × 7 | × 6 | × 4 | × 8 | × 4 | × 6 |
| 48 | 0 | 56 | 30 | 20 | 32 | 36 | 42 |
| | | | | | | | |
| 3 | 2 | 1 | 4 | 3 | 8 | 6 | 0 |
| × 9 | × 0 | × 1 | × 5 | × 1 | × 4 | × 9 | × 9 |
| 27 | 0 | 1 | 20 | 3 | 32 | 54 | 0 |
| | | | | | | | |
| 5 | 8 | | | | | | |
| × 1 | × 6 | | | | | | |
| 5 | 48 | | | | | | |

# YOU FINISHED!

# CHAPTER 2

Score ____________________ Date ____________________

| | | |
|---|---|---|
| 6 ÷ 3 = ____ | 0 ÷ 1 = ____ | 6 ÷ 6 = ____ |
| 4 ÷ 2 = ____ | 35 ÷ 7 = ____ | 3 ÷ 1 = ____ |
| 0 ÷ 7 = ____ | 18 ÷ 6 = ____ | 36 ÷ 4 = ____ |
| 14 ÷ 2 = ____ | 27 ÷ 3 = ____ | 0 ÷ 9 = ____ |
| 18 ÷ 2 = ____ | 40 ÷ 8 = ____ | 25 ÷ 5 = ____ |
| 32 ÷ 4 = ____ | 20 ÷ 4 = ____ | 8 ÷ 4 = ____ |
| 64 ÷ 8 = ____ | 48 ÷ 6 = ____ | 0 ÷ 8 = ____ |
| 45 ÷ 9 = ____ | 2 ÷ 2 = ____ | 24 ÷ 8 = ____ |
| 15 ÷ 5 = ____ | 6 ÷ 2 = ____ | 30 ÷ 5 = ____ |
| 0 ÷ 2 = ____ | 24 ÷ 6 = ____ | 63 ÷ 7 = ____ |
| 12 ÷ 3 = ____ | 2 ÷ 1 = ____ | 40 ÷ 5 = ____ |
| 8 ÷ 2 = ____ | 9 ÷ 1 = ____ | 16 ÷ 2 = ____ |
| 10 ÷ 5 = ____ | 72 ÷ 9 = ____ | 42 ÷ 6 = ____ |
| 21 ÷ 3 = ____ | 32 ÷ 8 = ____ | 8 ÷ 1 = ____ |
| 24 ÷ 4 = ____ | 7 ÷ 1 = ____ | 16 ÷ 8 = ____ |
| 3 ÷ 3 = ____ | 4 ÷ 1 = ____ | 12 ÷ 6 = ____ |
| 21 ÷ 7 = ____ | 54 ÷ 9 = ____ | |

Answer Key

6 ÷ 3 = 2

4 ÷ 2 = 2

0 ÷ 7 = 0

14 ÷ 2 = 7

18 ÷ 2 = 9

32 ÷ 4 = 8

64 ÷ 8 = 8

45 ÷ 9 = 5

15 ÷ 5 = 3

0 ÷ 2 = 0

12 ÷ 3 = 4

8 ÷ 2 = 4

10 ÷ 5 = 2

21 ÷ 3 = 7

24 ÷ 4 = 6

3 ÷ 3 = 1

21 ÷ 7 = 3

0 ÷ 1 = 0

35 ÷ 7 = 5

18 ÷ 6 = 3

27 ÷ 3 = 9

40 ÷ 8 = 5

20 ÷ 4 = 5

48 ÷ 6 = 8

2 ÷ 2 = 1

6 ÷ 2 = 3

24 ÷ 6 = 4

2 ÷ 1 = 2

9 ÷ 1 = 9

72 ÷ 9 = 8

32 ÷ 8 = 4

7 ÷ 1 = 7

4 ÷ 1 = 4

54 ÷ 9 = 6

6 ÷ 6 = 1

3 ÷ 1 = 3

36 ÷ 4 = 9

0 ÷ 9 = 0

25 ÷ 5 = 5

8 ÷ 4 = 2

0 ÷ 8 = 0

24 ÷ 8 = 3

30 ÷ 5 = 6

63 ÷ 7 = 9

40 ÷ 5 = 8

16 ÷ 2 = 8

42 ÷ 6 = 7

8 ÷ 1 = 8

16 ÷ 8 = 2

12 ÷ 6 = 2

Score ____________________ Date ____________________

| | | |
|---|---|---|
| 0 ÷ 5 = ____ | 18 ÷ 9 = ____ | 81 ÷ 9 = ____ |
| 4 ÷ 1 = ____ | 9 ÷ 1 = ____ | 2 ÷ 2 = ____ |
| 16 ÷ 4 = ____ | 6 ÷ 3 = ____ | 48 ÷ 8 = ____ |
| 20 ÷ 4 = ____ | 24 ÷ 8 = ____ | 42 ÷ 7 = ____ |
| 10 ÷ 2 = ____ | 4 ÷ 2 = ____ | 35 ÷ 7 = ____ |
| 16 ÷ 2 = ____ | 27 ÷ 9 = ____ | 4 ÷ 4 = ____ |
| 18 ÷ 6 = ____ | 15 ÷ 3 = ____ | 72 ÷ 8 = ____ |
| 72 ÷ 9 = ____ | 0 ÷ 9 = ____ | 21 ÷ 3 = ____ |
| 0 ÷ 3 = ____ | 54 ÷ 9 = ____ | 25 ÷ 5 = ____ |
| 36 ÷ 9 = ____ | 42 ÷ 6 = ____ | 8 ÷ 1 = ____ |
| 49 ÷ 7 = ____ | 7 ÷ 7 = ____ | 0 ÷ 7 = ____ |
| 1 ÷ 1 = ____ | 6 ÷ 2 = ____ | 2 ÷ 1 = ____ |
| 64 ÷ 8 = ____ | 27 ÷ 3 = ____ | 0 ÷ 1 = ____ |
| 6 ÷ 6 = ____ | 24 ÷ 6 = ____ | 0 ÷ 6 = ____ |
| 24 ÷ 4 = ____ | 0 ÷ 4 = ____ | 15 ÷ 5 = ____ |
| 30 ÷ 5 = ____ | 7 ÷ 1 = ____ | 18 ÷ 3 = ____ |
| 6 ÷ 1 = ____ | 56 ÷ 8 = ____ | |

Answer Key

| | | |
|---|---|---|
| 0 ÷ 5 = 0 | 18 ÷ 9 = 2 | 81 ÷ 9 = 9 |
| 4 ÷ 1 = 4 | 9 ÷ 1 = 9 | 2 ÷ 2 = 1 |
| 16 ÷ 4 = 4 | 6 ÷ 3 = 2 | 48 ÷ 8 = 6 |
| 20 ÷ 4 = 5 | 24 ÷ 8 = 3 | 42 ÷ 7 = 6 |
| 10 ÷ 2 = 5 | 4 ÷ 2 = 2 | 35 ÷ 7 = 5 |
| 16 ÷ 2 = 8 | 27 ÷ 9 = 3 | 4 ÷ 4 = 1 |
| 18 ÷ 6 = 3 | 15 ÷ 3 = 5 | 72 ÷ 8 = 9 |
| 72 ÷ 9 = 8 | 0 ÷ 9 = 0 | 21 ÷ 3 = 7 |
| 0 ÷ 3 = 0 | 54 ÷ 9 = 6 | 25 ÷ 5 = 5 |
| 36 ÷ 9 = 4 | 42 ÷ 6 = 7 | 8 ÷ 1 = 8 |
| 49 ÷ 7 = 7 | 7 ÷ 7 = 1 | 0 ÷ 7 = 0 |
| 1 ÷ 1 = 1 | 6 ÷ 2 = 3 | 2 ÷ 1 = 2 |
| 64 ÷ 8 = 8 | 27 ÷ 3 = 9 | 0 ÷ 1 = 0 |
| 6 ÷ 6 = 1 | 24 ÷ 6 = 4 | 0 ÷ 6 = 0 |
| 24 ÷ 4 = 6 | 0 ÷ 4 = 0 | 15 ÷ 5 = 3 |
| 30 ÷ 5 = 6 | 7 ÷ 1 = 7 | 18 ÷ 3 = 6 |
| 6 ÷ 1 = 6 | 56 ÷ 8 = 7 | |

Score ____________________ Date ____________________

| | | |
|---|---|---|
| 0 ÷ 7 = ____ | 18 ÷ 6 = ____ | 20 ÷ 5 = ____ |
| 6 ÷ 6 = ____ | 28 ÷ 7 = ____ | 16 ÷ 4 = ____ |
| 3 ÷ 1 = ____ | 0 ÷ 3 = ____ | 36 ÷ 9 = ____ |
| 49 ÷ 7 = ____ | 9 ÷ 3 = ____ | 27 ÷ 3 = ____ |
| 7 ÷ 7 = ____ | 40 ÷ 5 = ____ | 0 ÷ 9 = ____ |
| 48 ÷ 8 = ____ | 12 ÷ 4 = ____ | 2 ÷ 2 = ____ |
| 4 ÷ 1 = ____ | 0 ÷ 6 = ____ | 63 ÷ 9 = ____ |
| 0 ÷ 2 = ____ | 25 ÷ 5 = ____ | 56 ÷ 8 = ____ |
| 32 ÷ 8 = ____ | 48 ÷ 6 = ____ | 54 ÷ 9 = ____ |
| 8 ÷ 2 = ____ | 18 ÷ 9 = ____ | 8 ÷ 4 = ____ |
| 8 ÷ 8 = ____ | 36 ÷ 4 = ____ | 9 ÷ 1 = ____ |
| 8 ÷ 1 = ____ | 4 ÷ 2 = ____ | 28 ÷ 4 = ____ |
| 6 ÷ 2 = ____ | 64 ÷ 8 = ____ | 72 ÷ 9 = ____ |
| 21 ÷ 7 = ____ | 24 ÷ 8 = ____ | 18 ÷ 3 = ____ |
| 12 ÷ 3 = ____ | 2 ÷ 1 = ____ | 16 ÷ 2 = ____ |
| 45 ÷ 9 = ____ | 72 ÷ 8 = ____ | 81 ÷ 9 = ____ |
| 1 ÷ 1 = ____ | 45 ÷ 5 = ____ | |

Answer Key

| | | |
|---|---|---|
| 0 ÷ 7 = 0 | 18 ÷ 6 = 3 | 20 ÷ 5 = 4 |
| 6 ÷ 6 = 1 | 28 ÷ 7 = 4 | 16 ÷ 4 = 4 |
| 3 ÷ 1 = 3 | 0 ÷ 3 = 0 | 36 ÷ 9 = 4 |
| 49 ÷ 7 = 7 | 9 ÷ 3 = 3 | 27 ÷ 3 = 9 |
| 7 ÷ 7 = 1 | 40 ÷ 5 = 8 | 0 ÷ 9 = 0 |
| 48 ÷ 8 = 6 | 12 ÷ 4 = 3 | 2 ÷ 2 = 1 |
| 4 ÷ 1 = 4 | 0 ÷ 6 = 0 | 63 ÷ 9 = 7 |
| 0 ÷ 2 = 0 | 25 ÷ 5 = 5 | 56 ÷ 8 = 7 |
| 32 ÷ 8 = 4 | 48 ÷ 6 = 8 | 54 ÷ 9 = 6 |
| 8 ÷ 2 = 4 | 18 ÷ 9 = 2 | 8 ÷ 4 = 2 |
| 8 ÷ 8 = 1 | 36 ÷ 4 = 9 | 9 ÷ 1 = 9 |
| 8 ÷ 1 = 8 | 4 ÷ 2 = 2 | 28 ÷ 4 = 7 |
| 6 ÷ 2 = 3 | 64 ÷ 8 = 8 | 72 ÷ 9 = 8 |
| 21 ÷ 7 = 3 | 24 ÷ 8 = 3 | 18 ÷ 3 = 6 |
| 12 ÷ 3 = 4 | 2 ÷ 1 = 2 | 16 ÷ 2 = 8 |
| 45 ÷ 9 = 5 | 72 ÷ 8 = 9 | 81 ÷ 9 = 9 |
| 1 ÷ 1 = 1 | 45 ÷ 5 = 9 | |

Score ____________________ Date ____________________

| | | |
|---|---|---|
| 16 ÷ 2 = ____ | 27 ÷ 9 = ____ | 9 ÷ 3 = ____ |
| 28 ÷ 7 = ____ | 30 ÷ 6 = ____ | 4 ÷ 1 = ____ |
| 28 ÷ 4 = ____ | 14 ÷ 7 = ____ | 12 ÷ 6 = ____ |
| 56 ÷ 7 = ____ | 3 ÷ 1 = ____ | 48 ÷ 6 = ____ |
| 8 ÷ 2 = ____ | 36 ÷ 4 = ____ | 24 ÷ 8 = ____ |
| 15 ÷ 3 = ____ | 72 ÷ 8 = ____ | 7 ÷ 1 = ____ |
| 54 ÷ 6 = ____ | 8 ÷ 1 = ____ | 0 ÷ 1 = ____ |
| 2 ÷ 1 = ____ | 6 ÷ 6 = ____ | 0 ÷ 4 = ____ |
| 81 ÷ 9 = ____ | 6 ÷ 3 = ____ | 0 ÷ 9 = ____ |
| 12 ÷ 3 = ____ | 16 ÷ 4 = ____ | 15 ÷ 5 = ____ |
| 0 ÷ 3 = ____ | 0 ÷ 5 = ____ | 36 ÷ 9 = ____ |
| 49 ÷ 7 = ____ | 4 ÷ 4 = ____ | 42 ÷ 7 = ____ |
| 18 ÷ 9 = ____ | 27 ÷ 3 = ____ | 9 ÷ 1 = ____ |
| 7 ÷ 7 = ____ | 12 ÷ 2 = ____ | 45 ÷ 5 = ____ |
| 40 ÷ 8 = ____ | 30 ÷ 5 = ____ | 24 ÷ 4 = ____ |
| 1 ÷ 1 = ____ | 72 ÷ 9 = ____ | 20 ÷ 4 = ____ |
| 25 ÷ 5 = ____ | 48 ÷ 8 = ____ | |

Answer Key

16 ÷ 2 = 8
28 ÷ 7 = 4
28 ÷ 4 = 7
56 ÷ 7 = 8
8 ÷ 2 = 4
15 ÷ 3 = 5
54 ÷ 6 = 9
2 ÷ 1 = 2
81 ÷ 9 = 9
12 ÷ 3 = 4
0 ÷ 3 = 0
49 ÷ 7 = 7
18 ÷ 9 = 2
7 ÷ 7 = 1
40 ÷ 8 = 5
1 ÷ 1 = 1
25 ÷ 5 = 5

27 ÷ 9 = 3
30 ÷ 6 = 5
14 ÷ 7 = 2
3 ÷ 1 = 3
36 ÷ 4 = 9
72 ÷ 8 = 9
8 ÷ 1 = 8
6 ÷ 6 = 1
6 ÷ 3 = 2
16 ÷ 4 = 4
0 ÷ 5 = 0
4 ÷ 4 = 1
27 ÷ 3 = 9
12 ÷ 2 = 6
30 ÷ 5 = 6
72 ÷ 9 = 8
48 ÷ 8 = 6

9 ÷ 3 = 3
4 ÷ 1 = 4
12 ÷ 6 = 2
48 ÷ 6 = 8
24 ÷ 8 = 3
7 ÷ 1 = 7
0 ÷ 1 = 0
0 ÷ 4 = 0
0 ÷ 9 = 0
15 ÷ 5 = 3
36 ÷ 9 = 4
42 ÷ 7 = 6
9 ÷ 1 = 9
45 ÷ 5 = 9
24 ÷ 4 = 6
20 ÷ 4 = 5

Score ____________ Date ____________

| | | |
|---|---|---|
| 0 ÷ 5 = ____ | 18 ÷ 9 = ____ | 48 ÷ 6 = ____ |
| 40 ÷ 5 = ____ | 9 ÷ 3 = ____ | 14 ÷ 7 = ____ |
| 36 ÷ 6 = ____ | 7 ÷ 1 = ____ | 12 ÷ 4 = ____ |
| 12 ÷ 2 = ____ | 63 ÷ 9 = ____ | 36 ÷ 9 = ____ |
| 81 ÷ 9 = ____ | 8 ÷ 8 = ____ | 16 ÷ 4 = ____ |
| 48 ÷ 8 = ____ | 18 ÷ 3 = ____ | 5 ÷ 5 = ____ |
| 28 ÷ 4 = ____ | 12 ÷ 3 = ____ | 24 ÷ 3 = ____ |
| 0 ÷ 9 = ____ | 6 ÷ 2 = ____ | 27 ÷ 3 = ____ |
| 72 ÷ 9 = ____ | 20 ÷ 5 = ____ | 2 ÷ 2 = ____ |
| 21 ÷ 7 = ____ | 56 ÷ 8 = ____ | 35 ÷ 7 = ____ |
| 6 ÷ 1 = ____ | 5 ÷ 1 = ____ | 45 ÷ 9 = ____ |
| 4 ÷ 4 = ____ | 12 ÷ 6 = ____ | 32 ÷ 8 = ____ |
| 8 ÷ 1 = ____ | 63 ÷ 7 = ____ | 54 ÷ 6 = ____ |
| 24 ÷ 6 = ____ | 30 ÷ 6 = ____ | 3 ÷ 1 = ____ |
| 2 ÷ 1 = ____ | 49 ÷ 7 = ____ | 6 ÷ 6 = ____ |
| 27 ÷ 9 = ____ | 0 ÷ 2 = ____ | 0 ÷ 8 = ____ |
| 18 ÷ 6 = ____ | 25 ÷ 5 = ____ | |

Answer Key

| | | |
|---|---|---|
| 0 ÷ 5 = 0 | 18 ÷ 9 = 2 | 48 ÷ 6 = 8 |
| 40 ÷ 5 = 8 | 9 ÷ 3 = 3 | 14 ÷ 7 = 2 |
| 36 ÷ 6 = 6 | 7 ÷ 1 = 7 | 12 ÷ 4 = 3 |
| 12 ÷ 2 = 6 | 63 ÷ 9 = 7 | 36 ÷ 9 = 4 |
| 81 ÷ 9 = 9 | 8 ÷ 8 = 1 | 16 ÷ 4 = 4 |
| 48 ÷ 8 = 6 | 18 ÷ 3 = 6 | 5 ÷ 5 = 1 |
| 28 ÷ 4 = 7 | 12 ÷ 3 = 4 | 24 ÷ 3 = 8 |
| 0 ÷ 9 = 0 | 6 ÷ 2 = 3 | 27 ÷ 3 = 9 |
| 72 ÷ 9 = 8 | 20 ÷ 5 = 4 | 2 ÷ 2 = 1 |
| 21 ÷ 7 = 3 | 56 ÷ 8 = 7 | 35 ÷ 7 = 5 |
| 6 ÷ 1 = 6 | 5 ÷ 1 = 5 | 45 ÷ 9 = 5 |
| 4 ÷ 4 = 1 | 12 ÷ 6 = 2 | 32 ÷ 8 = 4 |
| 8 ÷ 1 = 8 | 63 ÷ 7 = 9 | 54 ÷ 6 = 9 |
| 24 ÷ 6 = 4 | 30 ÷ 6 = 5 | 3 ÷ 1 = 3 |
| 2 ÷ 1 = 2 | 49 ÷ 7 = 7 | 6 ÷ 6 = 1 |
| 27 ÷ 9 = 3 | 0 ÷ 2 = 0 | 0 ÷ 8 = 0 |
| 18 ÷ 6 = 3 | 25 ÷ 5 = 5 | |

Score ____________________ Date ____________________

| | | |
|---|---|---|
| 4 ÷ 2 = ____ | 6 ÷ 6 = ____ | 24 ÷ 3 = ____ |
| 72 ÷ 8 = ____ | 12 ÷ 2 = ____ | 6 ÷ 2 = ____ |
| 8 ÷ 8 = ____ | 7 ÷ 7 = ____ | 4 ÷ 4 = ____ |
| 40 ÷ 8 = ____ | 14 ÷ 7 = ____ | 24 ÷ 4 = ____ |
| 21 ÷ 7 = ____ | 16 ÷ 4 = ____ | 42 ÷ 7 = ____ |
| 24 ÷ 8 = ____ | 12 ÷ 4 = ____ | 25 ÷ 5 = ____ |
| 64 ÷ 8 = ____ | 32 ÷ 4 = ____ | 81 ÷ 9 = ____ |
| 20 ÷ 4 = ____ | 28 ÷ 7 = ____ | 4 ÷ 1 = ____ |
| 21 ÷ 3 = ____ | 45 ÷ 5 = ____ | 27 ÷ 9 = ____ |
| 48 ÷ 6 = ____ | 10 ÷ 2 = ____ | 0 ÷ 8 = ____ |
| 0 ÷ 2 = ____ | 6 ÷ 1 = ____ | 14 ÷ 2 = ____ |
| 16 ÷ 8 = ____ | 0 ÷ 6 = ____ | 9 ÷ 9 = ____ |
| 18 ÷ 2 = ____ | 32 ÷ 8 = ____ | 0 ÷ 4 = ____ |
| 15 ÷ 3 = ____ | 3 ÷ 3 = ____ | 20 ÷ 5 = ____ |
| 28 ÷ 4 = ____ | 5 ÷ 1 = ____ | 30 ÷ 6 = ____ |
| 8 ÷ 1 = ____ | 42 ÷ 6 = ____ | 7 ÷ 1 = ____ |
| 3 ÷ 1 = ____ | 45 ÷ 9 = ____ | |

Answer Key

| | | |
|---|---|---|
| 4 ÷ 2 = 2 | 6 ÷ 6 = 1 | 24 ÷ 3 = 8 |
| 72 ÷ 8 = 9 | 12 ÷ 2 = 6 | 6 ÷ 2 = 3 |
| 8 ÷ 8 = 1 | 7 ÷ 7 = 1 | 4 ÷ 4 = 1 |
| 40 ÷ 8 = 5 | 14 ÷ 7 = 2 | 24 ÷ 4 = 6 |
| 21 ÷ 7 = 3 | 16 ÷ 4 = 4 | 42 ÷ 7 = 6 |
| 24 ÷ 8 = 3 | 12 ÷ 4 = 3 | 25 ÷ 5 = 5 |
| 64 ÷ 8 = 8 | 32 ÷ 4 = 8 | 81 ÷ 9 = 9 |
| 20 ÷ 4 = 5 | 28 ÷ 7 = 4 | 4 ÷ 1 = 4 |
| 21 ÷ 3 = 7 | 45 ÷ 5 = 9 | 27 ÷ 9 = 3 |
| 48 ÷ 6 = 8 | 10 ÷ 2 = 5 | 0 ÷ 8 = 0 |
| 0 ÷ 2 = 0 | 6 ÷ 1 = 6 | 14 ÷ 2 = 7 |
| 16 ÷ 8 = 2 | 0 ÷ 6 = 0 | 9 ÷ 9 = 1 |
| 18 ÷ 2 = 9 | 32 ÷ 8 = 4 | 0 ÷ 4 = 0 |
| 15 ÷ 3 = 5 | 3 ÷ 3 = 1 | 20 ÷ 5 = 4 |
| 28 ÷ 4 = 7 | 5 ÷ 1 = 5 | 30 ÷ 6 = 5 |
| 8 ÷ 1 = 8 | 42 ÷ 6 = 7 | 7 ÷ 1 = 7 |
| 3 ÷ 1 = 3 | 45 ÷ 9 = 5 | |

Score ____________________ Date ____________________

| | | |
|---|---|---|
| 6 ÷ 3 = ____ | 24 ÷ 6 = ____ | 5 ÷ 5 = ____ |
| 48 ÷ 8 = ____ | 10 ÷ 2 = ____ | 56 ÷ 8 = ____ |
| 18 ÷ 6 = ____ | 14 ÷ 2 = ____ | 21 ÷ 3 = ____ |
| 16 ÷ 2 = ____ | 7 ÷ 7 = ____ | 15 ÷ 3 = ____ |
| 4 ÷ 2 = ____ | 24 ÷ 8 = ____ | 40 ÷ 5 = ____ |
| 20 ÷ 5 = ____ | 0 ÷ 7 = ____ | 63 ÷ 7 = ____ |
| 5 ÷ 1 = ____ | 18 ÷ 2 = ____ | 12 ÷ 6 = ____ |
| 6 ÷ 1 = ____ | 35 ÷ 5 = ____ | 12 ÷ 4 = ____ |
| 36 ÷ 4 = ____ | 72 ÷ 8 = ____ | 4 ÷ 1 = ____ |
| 28 ÷ 7 = ____ | 18 ÷ 3 = ____ | 36 ÷ 9 = ____ |
| 32 ÷ 4 = ____ | 2 ÷ 1 = ____ | 36 ÷ 6 = ____ |
| 0 ÷ 1 = ____ | 9 ÷ 9 = ____ | 18 ÷ 9 = ____ |
| 9 ÷ 3 = ____ | 3 ÷ 1 = ____ | 49 ÷ 7 = ____ |
| 12 ÷ 3 = ____ | 14 ÷ 7 = ____ | 40 ÷ 8 = ____ |
| 0 ÷ 8 = ____ | 0 ÷ 3 = ____ | 15 ÷ 5 = ____ |
| 27 ÷ 9 = ____ | 25 ÷ 5 = ____ | 9 ÷ 1 = ____ |
| 6 ÷ 6 = ____ | 8 ÷ 1 = ____ | |

Answer Key

| | | |
|---|---|---|
| 6 ÷ 3 = 2 | 24 ÷ 6 = 4 | 5 ÷ 5 = 1 |
| 48 ÷ 8 = 6 | 10 ÷ 2 = 5 | 56 ÷ 8 = 7 |
| 18 ÷ 6 = 3 | 14 ÷ 2 = 7 | 21 ÷ 3 = 7 |
| 16 ÷ 2 = 8 | 7 ÷ 7 = 1 | 15 ÷ 3 = 5 |
| 4 ÷ 2 = 2 | 24 ÷ 8 = 3 | 40 ÷ 5 = 8 |
| 20 ÷ 5 = 4 | 0 ÷ 7 = 0 | 63 ÷ 7 = 9 |
| 5 ÷ 1 = 5 | 18 ÷ 2 = 9 | 12 ÷ 6 = 2 |
| 6 ÷ 1 = 6 | 35 ÷ 5 = 7 | 12 ÷ 4 = 3 |
| 36 ÷ 4 = 9 | 72 ÷ 8 = 9 | 4 ÷ 1 = 4 |
| 28 ÷ 7 = 4 | 18 ÷ 3 = 6 | 36 ÷ 9 = 4 |
| 32 ÷ 4 = 8 | 2 ÷ 1 = 2 | 36 ÷ 6 = 6 |
| 0 ÷ 1 = 0 | 9 ÷ 9 = 1 | 18 ÷ 9 = 2 |
| 9 ÷ 3 = 3 | 3 ÷ 1 = 3 | 49 ÷ 7 = 7 |
| 12 ÷ 3 = 4 | 14 ÷ 7 = 2 | 40 ÷ 8 = 5 |
| 0 ÷ 8 = 0 | 0 ÷ 3 = 0 | 15 ÷ 5 = 3 |
| 27 ÷ 9 = 3 | 25 ÷ 5 = 5 | 9 ÷ 1 = 9 |
| 6 ÷ 6 = 1 | 8 ÷ 1 = 8 | |

# YOU FINISHED!

# CHAPTER 3

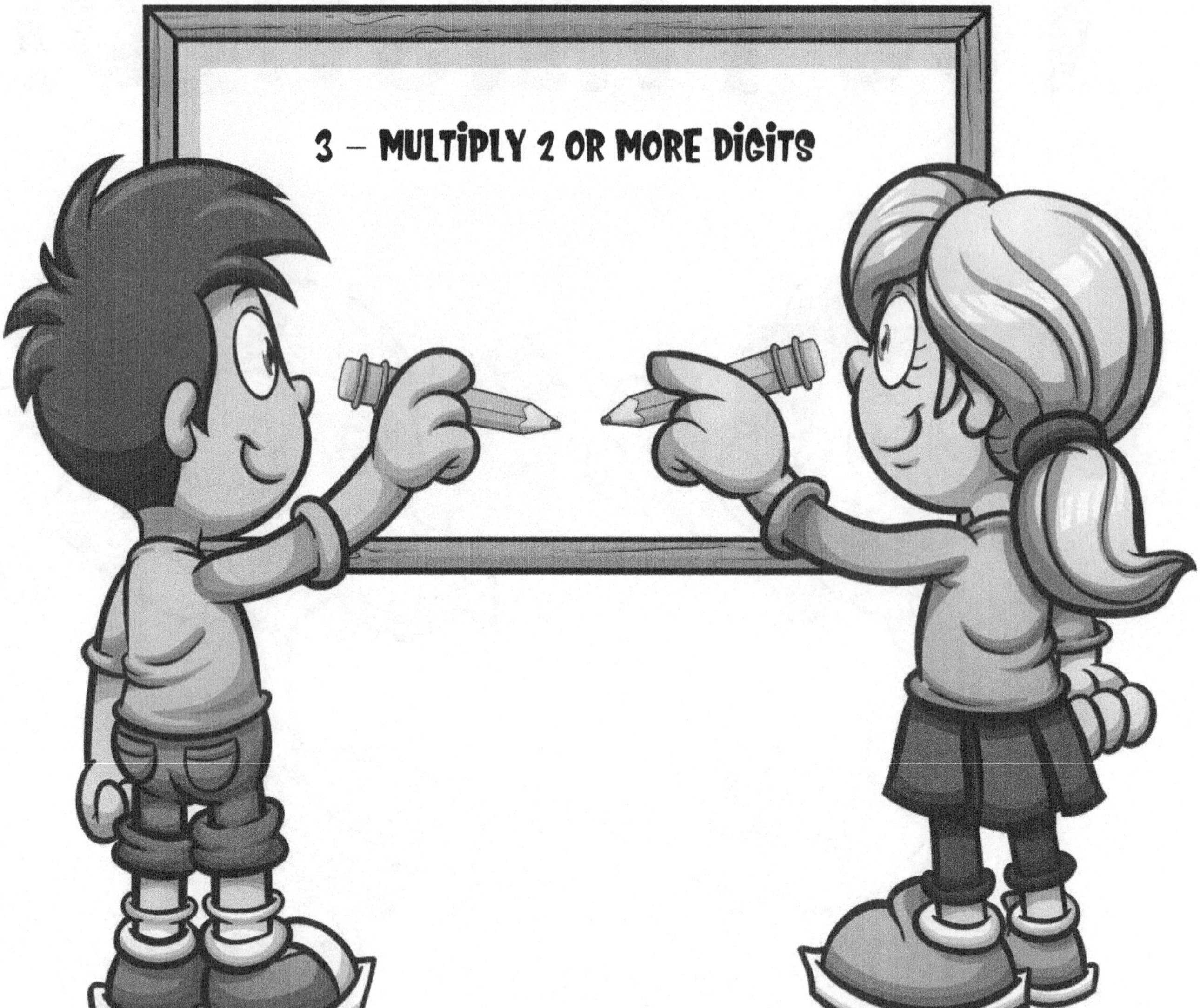
3 – MULTIPLY 2 OR MORE DIGITS

Score ____________________ Date ____________________

| | | | |
|---|---|---|---|
| 77 × 3 | 18 × 1 | 64 × 6 | 25 × 8 |
| 55 × 5 | 19 × 4 | 14 × 6 | 48 × 9 |
| 60 × 1 | 10 × 8 | 97 × 8 | 32 × 8 |
| 12 × 3 | 36 × 8 | 58 × 3 | 32 × 1 |
| 48 × 9 | 22 × 5 | 35 × 6 | 64 × 6 |

Answer Key

| | | | |
|---|---|---|---|
| $\begin{array}{r} 77 \\ \times\ 3 \\ \hline 231 \end{array}$ | $\begin{array}{r} 18 \\ \times\ 1 \\ \hline 18 \end{array}$ | $\begin{array}{r} 64 \\ \times\ 6 \\ \hline 384 \end{array}$ | $\begin{array}{r} 25 \\ \times\ 8 \\ \hline 200 \end{array}$ |
| $\begin{array}{r} 55 \\ \times\ 5 \\ \hline 275 \end{array}$ | $\begin{array}{r} 19 \\ \times\ 4 \\ \hline 76 \end{array}$ | $\begin{array}{r} 14 \\ \times\ 6 \\ \hline 84 \end{array}$ | $\begin{array}{r} 48 \\ \times\ 9 \\ \hline 432 \end{array}$ |
| $\begin{array}{r} 60 \\ \times\ 1 \\ \hline 60 \end{array}$ | $\begin{array}{r} 10 \\ \times\ 8 \\ \hline 80 \end{array}$ | $\begin{array}{r} 97 \\ \times\ 8 \\ \hline 776 \end{array}$ | $\begin{array}{r} 32 \\ \times\ 8 \\ \hline 256 \end{array}$ |
| $\begin{array}{r} 12 \\ \times\ 3 \\ \hline 36 \end{array}$ | $\begin{array}{r} 36 \\ \times\ 8 \\ \hline 288 \end{array}$ | $\begin{array}{r} 58 \\ \times\ 3 \\ \hline 174 \end{array}$ | $\begin{array}{r} 32 \\ \times\ 1 \\ \hline 32 \end{array}$ |
| $\begin{array}{r} 48 \\ \times\ 9 \\ \hline 432 \end{array}$ | $\begin{array}{r} 22 \\ \times\ 5 \\ \hline 110 \end{array}$ | $\begin{array}{r} 35 \\ \times\ 6 \\ \hline 210 \end{array}$ | $\begin{array}{r} 64 \\ \times\ 6 \\ \hline 384 \end{array}$ |

Score ____________ Date ____________

| | | | |
|---|---|---|---|
| 97 × 8 | 16 × 9 | 30 × 8 | 66 × 1 |
| 96 × 6 | 75 × 3 | 13 × 1 | 90 × 3 |
| 75 × 7 | 69 × 8 | 57 × 3 | 78 × 7 |
| 50 × 5 | 58 × 6 | 73 × 6 | 12 × 8 |
| 79 × 1 | 32 × 9 | 63 × 1 | 57 × 2 |

Answer Key

| | | | |
|---|---|---|---|
| 97 × 8 = 776 | 16 × 9 = 144 | 30 × 8 = 240 | 66 × 1 = 66 |
| 96 × 6 = 576 | 75 × 3 = 225 | 13 × 1 = 13 | 90 × 3 = 270 |
| 75 × 7 = 525 | 69 × 8 = 552 | 57 × 3 = 171 | 78 × 7 = 546 |
| 50 × 5 = 250 | 58 × 6 = 348 | 73 × 6 = 438 | 12 × 8 = 96 |
| 79 × 1 = 79 | 32 × 9 = 288 | 63 × 1 = 63 | 57 × 2 = 114 |

Score ____________________ Date ____________________

| | | | |
|---|---|---|---|
| 87 × 7 | 11 × 6 | 72 × 1 | 75 × 1 |
| 59 × 2 | 24 × 8 | 72 × 6 | 83 × 8 |
| 27 × 7 | 96 × 3 | 12 × 6 | 98 × 7 |
| 13 × 5 | 30 × 4 | 34 × 1 | 33 × 3 |
| 74 × 9 | 78 × 3 | 55 × 2 | 72 × 8 |

Answer Key

| | | | |
|---|---|---|---|
| 87 × 7 = 609 | 11 × 6 = 66 | 72 × 1 = 72 | 75 × 1 = 75 |
| 59 × 2 = 118 | 24 × 8 = 192 | 72 × 6 = 432 | 83 × 8 = 664 |
| 27 × 7 = 189 | 96 × 3 = 288 | 12 × 6 = 72 | 98 × 7 = 686 |
| 13 × 5 = 65 | 30 × 4 = 120 | 34 × 1 = 34 | 33 × 3 = 99 |
| 74 × 9 = 666 | 78 × 3 = 234 | 55 × 2 = 110 | 72 × 8 = 576 |

Score ____________________ Date ____________________

| | | | |
|---|---|---|---|
| $\begin{array}{r} 54 \\ \times\ 2 \\ \hline \end{array}$ | $\begin{array}{r} 86 \\ \times\ 9 \\ \hline \end{array}$ | $\begin{array}{r} 54 \\ \times\ 2 \\ \hline \end{array}$ | $\begin{array}{r} 24 \\ \times\ 7 \\ \hline \end{array}$ |
| $\begin{array}{r} 40 \\ \times\ 2 \\ \hline \end{array}$ | $\begin{array}{r} 43 \\ \times\ 7 \\ \hline \end{array}$ | $\begin{array}{r} 21 \\ \times\ 7 \\ \hline \end{array}$ | $\begin{array}{r} 67 \\ \times\ 3 \\ \hline \end{array}$ |
| $\begin{array}{r} 87 \\ \times\ 9 \\ \hline \end{array}$ | $\begin{array}{r} 53 \\ \times\ 8 \\ \hline \end{array}$ | $\begin{array}{r} 12 \\ \times\ 8 \\ \hline \end{array}$ | $\begin{array}{r} 30 \\ \times\ 5 \\ \hline \end{array}$ |
| $\begin{array}{r} 96 \\ \times\ 5 \\ \hline \end{array}$ | $\begin{array}{r} 55 \\ \times\ 5 \\ \hline \end{array}$ | $\begin{array}{r} 21 \\ \times\ 4 \\ \hline \end{array}$ | $\begin{array}{r} 16 \\ \times\ 9 \\ \hline \end{array}$ |
| $\begin{array}{r} 45 \\ \times\ 7 \\ \hline \end{array}$ | $\begin{array}{r} 69 \\ \times\ 4 \\ \hline \end{array}$ | $\begin{array}{r} 81 \\ \times\ 7 \\ \hline \end{array}$ | $\begin{array}{r} 16 \\ \times\ 2 \\ \hline \end{array}$ |

Answer Key

| | | | |
|---|---|---|---|
| $54 \times 2 = 108$ | $86 \times 9 = 774$ | $54 \times 2 = 108$ | $24 \times 7 = 168$ |
| $40 \times 2 = 80$ | $43 \times 7 = 301$ | $21 \times 7 = 147$ | $67 \times 3 = 201$ |
| $87 \times 9 = 783$ | $53 \times 8 = 424$ | $12 \times 8 = 96$ | $30 \times 5 = 150$ |
| $96 \times 5 = 480$ | $55 \times 5 = 275$ | $21 \times 4 = 84$ | $16 \times 9 = 144$ |
| $45 \times 7 = 315$ | $69 \times 4 = 276$ | $81 \times 7 = 567$ | $16 \times 2 = 32$ |

Score ____________________ Date ____________________

| | | | |
|---|---|---|---|
| 79 × 9 | 10 × 8 | 58 × 8 | 95 × 8 |
| 73 × 1 | 53 × 6 | 37 × 5 | 63 × 4 |
| 99 × 4 | 17 × 2 | 76 × 3 | 82 × 2 |
| 95 × 9 | 91 × 7 | 46 × 6 | 15 × 5 |
| 82 × 5 | 39 × 9 | 99 × 9 | 67 × 5 |

Answer Key

| | | | |
|---|---|---|---|
| $79 \times 9 = 711$ | $10 \times 8 = 80$ | $58 \times 8 = 464$ | $95 \times 8 = 760$ |
| $73 \times 1 = 73$ | $53 \times 6 = 318$ | $37 \times 5 = 185$ | $63 \times 4 = 252$ |
| $99 \times 4 = 396$ | $17 \times 2 = 34$ | $76 \times 3 = 228$ | $82 \times 2 = 164$ |
| $95 \times 9 = 855$ | $91 \times 7 = 637$ | $46 \times 6 = 276$ | $15 \times 5 = 75$ |
| $82 \times 5 = 410$ | $39 \times 9 = 351$ | $99 \times 9 = 891$ | $67 \times 5 = 335$ |

Score ______________________ Date ______________________

| | | | |
|---|---|---|---|
| $79 \times 2$ | $63 \times 8$ | $30 \times 8$ | $17 \times 1$ |
| $99 \times 9$ | $97 \times 9$ | $58 \times 3$ | $83 \times 1$ |
| $70 \times 1$ | $34 \times 3$ | $23 \times 6$ | $28 \times 8$ |
| $63 \times 1$ | $92 \times 4$ | $30 \times 6$ | $61 \times 4$ |
| $95 \times 9$ | $48 \times 5$ | $51 \times 3$ | $31 \times 3$ |

Answer Key

| | | | |
|---|---|---|---|
| 79<br>× 2<br>158 | 63<br>× 8<br>504 | 30<br>× 8<br>240 | 17<br>× 1<br>17 |
| 99<br>× 9<br>891 | 97<br>× 9<br>873 | 58<br>× 3<br>174 | 83<br>× 1<br>83 |
| 70<br>× 1<br>70 | 34<br>× 3<br>102 | 23<br>× 6<br>138 | 28<br>× 8<br>224 |
| 63<br>× 1<br>63 | 92<br>× 4<br>368 | 30<br>× 6<br>180 | 61<br>× 4<br>244 |
| 95<br>× 9<br>855 | 48<br>× 5<br>240 | 51<br>× 3<br>153 | 31<br>× 3<br>93 |

Score ____________ Date ____________

| | | | |
|---|---|---|---|
| 57 × 8 | 24 × 2 | 39 × 5 | 27 × 1 |
| 97 × 1 | 47 × 3 | 19 × 2 | 75 × 1 |
| 80 × 6 | 50 × 3 | 59 × 1 | 78 × 1 |
| 50 × 6 | 94 × 1 | 18 × 2 | 19 × 9 |
| 65 × 8 | 71 × 4 | 96 × 8 | 33 × 3 |

Answer Key

| | | | |
|---|---|---|---|
| 57 × 8 = 456 | 24 × 2 = 48 | 39 × 5 = 195 | 27 × 1 = 27 |
| 97 × 1 = 97 | 47 × 3 = 141 | 19 × 2 = 38 | 75 × 1 = 75 |
| 80 × 6 = 480 | 50 × 3 = 150 | 59 × 1 = 59 | 78 × 1 = 78 |
| 50 × 6 = 300 | 94 × 1 = 94 | 18 × 2 = 36 | 19 × 9 = 171 |
| 65 × 8 = 520 | 71 × 4 = 284 | 96 × 8 = 768 | 33 × 3 = 99 |

Score ____________________ Date ____________________

| | | | |
|---|---|---|---|
| 769 × 36 | 854 × 24 | 832 × 71 | 999 × 97 |
| 148 × 18 | 811 × 47 | 645 × 17 | 116 × 79 |
| 147 × 64 | 734 × 33 | 604 × 49 | 257 × 83 |
| 515 × 20 | 410 × 84 | 230 × 34 | 196 × 93 |

Answer Key

| | | | |
|---|---|---|---|
| 769 | 854 | 832 | 999 |
| × 36 | × 24 | × 71 | × 97 |
| 4614 | 3416 | 832 | 6993 |
| 23070 | 17080 | 58240 | 89910 |
| 27684 | 20496 | 59072 | 96903 |

| | | | |
|---|---|---|---|
| 148 | 811 | 645 | 116 |
| × 18 | × 47 | × 17 | × 79 |
| 1184 | 5677 | 4515 | 1044 |
| 1480 | 32440 | 6450 | 8120 |
| 2664 | 38117 | 10965 | 9164 |

| | | | |
|---|---|---|---|
| 147 | 734 | 604 | 257 |
| × 64 | × 33 | × 49 | × 83 |
| 588 | 2202 | 5436 | 771 |
| 8820 | 22020 | 24160 | 20560 |
| 9408 | 24222 | 29596 | 21331 |

| | | | |
|---|---|---|---|
| 515 | 410 | 230 | 196 |
| × 20 | × 84 | × 34 | × 93 |
| 10300 | 1640 | 920 | 588 |
| | 32800 | 6900 | 17640 |
| | 34440 | 7820 | 18228 |

Score ____________________ Date ____________________

| | | | |
|---|---|---|---|
| 997<br>× 22 | 538<br>× 53 | 941<br>× 86 | 842<br>× 98 |
| 236<br>× 17 | 104<br>× 33 | 476<br>× 69 | 252<br>× 65 |
| 948<br>× 33 | 970<br>× 88 | 768<br>× 59 | 117<br>× 78 |
| 600<br>× 98 | 523<br>× 48 | 375<br>× 52 | 317<br>× 91 |

Answer Key

| | | | |
|---|---|---|---|
| 997 | 538 | 941 | 842 |
| × 22 | × 53 | × 86 | × 98 |
| 1994 | 1614 | 5646 | 6736 |
| 19940 | 26900 | 75280 | 75780 |
| 21934 | 28514 | 80926 | 82516 |

| | | | |
|---|---|---|---|
| 236 | 104 | 476 | 252 |
| × 17 | × 33 | × 69 | × 65 |
| 1652 | 312 | 4284 | 1260 |
| 2360 | 3120 | 28560 | 15120 |
| 4012 | 3432 | 32844 | 16380 |

| | | | |
|---|---|---|---|
| 948 | 970 | 768 | 117 |
| × 33 | × 88 | × 59 | × 78 |
| 2844 | 7760 | 6912 | 936 |
| 28440 | 77600 | 38400 | 8190 |
| 31284 | 85360 | 45312 | 9126 |

| | | | |
|---|---|---|---|
| 600 | 523 | 375 | 317 |
| × 98 | × 48 | × 52 | × 91 |
| 4800 | 4184 | 750 | 317 |
| 54000 | 20920 | 18750 | 28530 |
| 58800 | 25104 | 19500 | 28847 |

Score ____________________ Date ____________________

| | | | |
|---|---|---|---|
| 660 × 28 | 110 × 56 | 315 × 25 | 495 × 44 |
| 192 × 41 | 147 × 13 | 221 × 10 | 422 × 14 |
| 664 × 36 | 765 × 78 | 765 × 92 | 793 × 27 |
| 551 × 21 | 199 × 95 | 923 × 51 | 691 × 48 |

Answer Key

| | | | |
|---|---|---|---|
| 660 | 110 | 315 | 495 |
| × 28 | × 56 | × 25 | × 44 |
| 5280 | 660 | 1575 | 1980 |
| 13200 | 5500 | 6300 | 19800 |
| 18480 | 6160 | 7875 | 21780 |
| | | | |
| 192 | 147 | 221 | 422 |
| × 41 | × 13 | × 10 | × 14 |
| 192 | 441 | 2210 | 1688 |
| 7680 | 1470 | | 4220 |
| 7872 | 1911 | | 5908 |
| | | | |
| 664 | 765 | 765 | 793 |
| × 36 | × 78 | × 92 | × 27 |
| 3984 | 6120 | 1530 | 5551 |
| 19920 | 53550 | 68850 | 15860 |
| 23904 | 59670 | 70380 | 21411 |
| | | | |
| 551 | 199 | 923 | 691 |
| × 21 | × 95 | × 51 | × 48 |
| 551 | 995 | 923 | 5528 |
| 11020 | 17910 | 46150 | 27640 |
| 11571 | 18905 | 47073 | 33168 |

Score ____________________ Date ____________________

| | | | |
|---|---|---|---|
| 542 × 76 | 690 × 29 | 870 × 72 | 581 × 85 |
| 995 × 53 | 480 × 54 | 819 × 39 | 617 × 34 |
| 348 × 96 | 651 × 19 | 186 × 57 | 315 × 15 |
| 546 × 14 | 463 × 41 | 768 × 91 | 102 × 89 |

Answer Key

| | | | |
|---|---|---|---|
| 542 | 690 | 870 | 581 |
| × 76 | × 29 | × 72 | × 85 |
| 3252 | 6210 | 1740 | 2905 |
| 37940 | 13800 | 60900 | 46480 |
| 41192 | 20010 | 62640 | 49385 |

| | | | |
|---|---|---|---|
| 995 | 480 | 819 | 617 |
| × 53 | × 54 | × 39 | × 34 |
| 2985 | 1920 | 7371 | 2468 |
| 49750 | 24000 | 24570 | 18510 |
| 52735 | 25920 | 31941 | 20978 |

| | | | |
|---|---|---|---|
| 348 | 651 | 186 | 315 |
| × 96 | × 19 | × 57 | × 15 |
| 2088 | 5859 | 1302 | 1575 |
| 31320 | 6510 | 9300 | 3150 |
| 33408 | 12369 | 10602 | 4725 |

| | | | |
|---|---|---|---|
| 546 | 463 | 768 | 102 |
| × 14 | × 41 | × 91 | × 89 |
| 2184 | 463 | 768 | 918 |
| 5460 | 18520 | 69120 | 8160 |
| 7644 | 18983 | 69888 | 9078 |

Score ____________________ Date ____________________

| | | | |
|---|---|---|---|
| 808 × 87 | 711 × 72 | 676 × 17 | 883 × 12 |
| 666 × 37 | 867 × 43 | 334 × 79 | 138 × 88 |
| 412 × 34 | 523 × 39 | 205 × 59 | 441 × 93 |
| 481 × 99 | 747 × 81 | 693 × 39 | 712 × 46 |

Answer Key

808
× 87
5656
64640
70296

711
× 72
1422
49770
51192

676
× 17
4732
6760
11492

883
× 12
1766
8830
10596

666
× 37
4662
19980
24642

867
× 43
2601
34680
37281

334
× 79
3006
23380
26386

138
× 88
1104
11040
12144

412
× 34
1648
12360
14008

523
× 39
4707
15690
20397

205
× 59
1845
10250
12095

441
× 93
1323
39690
41013

481
× 99
4329
43290
47619

747
× 81
747
59760
60507

693
× 39
6237
20790
27027

712
× 46
4272
28480
32752

Score ____________________ Date ____________________

| | | | |
|---|---|---|---|
| 264 × 58 | 422 × 54 | 189 × 82 | 442 × 18 |
| 429 × 77 | 479 × 50 | 151 × 89 | 990 × 19 |
| 629 × 34 | 855 × 67 | 760 × 75 | 699 × 46 |
| 496 × 58 | 659 × 85 | 615 × 77 | 145 × 29 |

Answer Key

| | | | |
|---|---|---|---|
| 264 | 422 | 189 | 442 |
| × 58 | × 54 | × 82 | × 18 |
| 2112 | 1688 | 378 | 3536 |
| 13200 | 21100 | 15120 | 4420 |
| 15312 | 22788 | 15498 | 7956 |

| | | | |
|---|---|---|---|
| 429 | 479 | 151 | 990 |
| × 77 | × 50 | × 89 | × 19 |
| 3003 | 23950 | 1359 | 8910 |
| 30030 | | 12080 | 9900 |
| 33033 | | 13439 | 18810 |

| | | | |
|---|---|---|---|
| 629 | 855 | 760 | 699 |
| × 34 | × 67 | × 75 | × 46 |
| 2516 | 5985 | 3800 | 4194 |
| 18870 | 51300 | 53200 | 27960 |
| 21386 | 57285 | 57000 | 32154 |

| | | | |
|---|---|---|---|
| 496 | 659 | 615 | 145 |
| × 58 | × 85 | × 77 | × 29 |
| 3968 | 3295 | 4305 | 1305 |
| 24800 | 52720 | 43050 | 2900 |
| 28768 | 56015 | 47355 | 4205 |

Score ____________ Date ____________

| | | | |
|---|---|---|---|
| 142 × 76 | 441 × 23 | 812 × 62 | 192 × 31 |
| 100 × 69 | 678 × 50 | 645 × 28 | 396 × 17 |
| 132 × 43 | 856 × 71 | 320 × 86 | 112 × 97 |
| 486 × 57 | 658 × 13 | 769 × 78 | 706 × 24 |

Answer Key

| | | | |
|---|---|---|---|
| 142 | 441 | 812 | 192 |
| × 76 | × 23 | × 62 | × 31 |
| 852 | 1323 | 1624 | 192 |
| 9940 | 8820 | 48720 | 5760 |
| 10792 | 10143 | 50344 | 5952 |

| | | | |
|---|---|---|---|
| 100 | 678 | 645 | 396 |
| × 69 | × 50 | × 28 | × 17 |
| 900 | 33900 | 5160 | 2772 |
| 6000 | | 12900 | 3960 |
| 6900 | | 18060 | 6732 |

| | | | |
|---|---|---|---|
| 132 | 856 | 320 | 112 |
| × 43 | × 71 | × 86 | × 97 |
| 396 | 856 | 1920 | 784 |
| 5280 | 59920 | 25600 | 10080 |
| 5676 | 60776 | 27520 | 10864 |

| | | | |
|---|---|---|---|
| 486 | 658 | 769 | 706 |
| × 57 | × 13 | × 78 | × 24 |
| 3402 | 1974 | 6152 | 2824 |
| 24300 | 6580 | 53830 | 14120 |
| 27702 | 8554 | 59982 | 16944 |

Score ____________________ Date ____________________

| | | | |
|---|---|---|---|
| 5252<br>× 298 | 3211<br>× 835 | 2155<br>× 356 | 6191<br>× 129 |
| 5160<br>× 546 | 9611<br>× 857 | 9718<br>× 802 | 8376<br>× 537 |
| 9187<br>× 382 | 3340<br>× 953 | 9676<br>× 326 | 4943<br>× 907 |

Answer Key

| | | | |
|---|---|---|---|
| 5252 | 3211 | 2155 | 6191 |
| × 298 | × 835 | × 356 | × 129 |
| 42016 | 16055 | 12930 | 55719 |
| 472680 | 96330 | 107750 | 123820 |
| 1050400 | 2568800 | 646500 | 619100 |
| 1565096 | 2681185 | 767180 | 798639 |

| | | | |
|---|---|---|---|
| 5160 | 9611 | 9718 | 8376 |
| × 546 | × 857 | × 802 | × 537 |
| 30960 | 67277 | 19436 | 58632 |
| 206400 | 480550 | 7774400 | 251280 |
| 2580000 | 7688800 | 7793836 | 4188000 |
| 2817360 | 8236627 | | 4497912 |

| | | | |
|---|---|---|---|
| 9187 | 3340 | 9676 | 4943 |
| × 382 | × 953 | × 326 | × 907 |
| 18374 | 10020 | 58056 | 34601 |
| 734960 | 167000 | 193520 | 4448700 |
| 2756100 | 3006000 | 2902800 | 4483301 |
| 3509434 | 3183020 | 3154376 | |

Score ____________ Date ____________

| | | | |
|---|---|---|---|
| 2529 × 867 | 1377 × 446 | 5162 × 868 | 1516 × 715 |
| 7150 × 585 | 1061 × 582 | 7478 × 916 | 4812 × 237 |
| 5390 × 620 | 9045 × 845 | 6395 × 576 | 2697 × 943 |

Answer Key

| | | | |
|---|---|---|---|
| 2529 | 1377 | 5162 | 1516 |
| × 867 | × 446 | × 868 | × 715 |
| 17703 | 8262 | 41296 | 7580 |
| 151740 | 55080 | 309720 | 15160 |
| 2023200 | 550800 | 4129600 | 1061200 |
| 2192643 | 614142 | 4480616 | 1083940 |

| | | | |
|---|---|---|---|
| 7150 | 1061 | 7478 | 4812 |
| × 585 | × 582 | × 916 | × 237 |
| 35750 | 2122 | 44868 | 33684 |
| 572000 | 84880 | 74780 | 144360 |
| 3575000 | 530500 | 6730200 | 962400 |
| 4182750 | 617502 | 6849848 | 1140444 |

| | | | |
|---|---|---|---|
| 5390 | 9045 | 6395 | 2697 |
| × 620 | × 845 | × 576 | × 943 |
| 107800 | 45225 | 38370 | 8091 |
| 3234000 | 361800 | 447650 | 107880 |
| 3341800 | 7236000 | 3197500 | 2427300 |
| | 7643025 | 3683520 | 2543271 |

Score ____________________ Date ____________________

| | | | |
|---|---|---|---|
| 4209 × 592 | 8682 × 656 | 2146 × 490 | 1581 × 300 |
| 3144 × 739 | 1066 × 756 | 7016 × 764 | 3541 × 159 |
| 5051 × 222 | 2386 × 222 | 3519 × 138 | 3215 × 215 |

Answer Key

```
   4209      8682      2146     1581
  × 592     × 656     × 490    × 300
   8418     52092    193140   474300
 378810    434100    858400
2104500   5209200   1051540
2491728   5695392
```

```
   3144      1066      7016     3541
  × 739     × 756     × 764    × 159
  28296      6396     28064    31869
  94320     53300    420960   177050
2200800    746200   4911200   354100
2323416    805896   5360224   563019
```

```
   5051      2386      3519     3215
  × 222     × 222     × 138    × 215
  10102      4772     28152    16075
 101020     47720    105570    32150
1010200    477200    351900   643000
1121322    529692    485622   691225
```

Score ____________________ Date ____________________

| | | | |
|---|---|---|---|
| 1126 × 505 | 8000 × 749 | 7437 × 275 | 3275 × 662 |
| 4287 × 380 | 6158 × 913 | 8733 × 415 | 8396 × 881 |
| 7432 × 539 | 5821 × 437 | 1882 × 752 | 6653 × 281 |

Answer Key

| | | | |
|---|---|---|---|
| 1126 | 8000 | 7437 | 3275 |
| × 505 | × 749 | × 275 | × 662 |
| 5630 | 72000 | 37185 | 6550 |
| 563000 | 320000 | 520590 | 196500 |
| 568630 | 5600000 | 1487400 | 1965000 |
| | 5992000 | 2045175 | 2168050 |

| | | | |
|---|---|---|---|
| 4287 | 6158 | 8733 | 8396 |
| × 380 | × 913 | × 415 | × 881 |
| 342960 | 18474 | 43665 | 8396 |
| 1286100 | 61580 | 87330 | 671680 |
| 1629060 | 5542200 | 3493200 | 6716800 |
| | 5622254 | 3624195 | 7396876 |

| | | | |
|---|---|---|---|
| 7432 | 5821 | 1882 | 6653 |
| × 539 | × 437 | × 752 | × 281 |
| 66888 | 40747 | 3764 | 6653 |
| 222960 | 174630 | 94100 | 532240 |
| 3716000 | 2328400 | 1317400 | 1330600 |
| 4005848 | 2543777 | 1415264 | 1869493 |

Score ____________________ Date ____________________

| | | | |
|---|---|---|---|
| 8086 × 374 | 5421 × 729 | 9533 × 299 | 9870 × 373 |
| 3821 × 526 | 2516 × 796 | 3147 × 856 | 6212 × 189 |
| 6427 × 620 | 5338 × 268 | 2530 × 368 | 2032 × 212 |

Answer Key

| | | | |
|---|---|---|---|
| 8086 | 5421 | 9533 | 9870 |
| × 374 | × 729 | × 299 | × 373 |
| 32344 | 48789 | 85797 | 29610 |
| 566020 | 108420 | 857970 | 690900 |
| 2425800 | 3794700 | 1906600 | 2961000 |
| 3024164 | 3951909 | 2850367 | 3681510 |

| | | | |
|---|---|---|---|
| 3821 | 2516 | 3147 | 6212 |
| × 526 | × 796 | × 856 | × 189 |
| 22926 | 15096 | 18882 | 55908 |
| 76420 | 226440 | 157350 | 496960 |
| 1910500 | 1761200 | 2517600 | 621200 |
| 2009846 | 2002736 | 2693832 | 1174068 |

| | | | |
|---|---|---|---|
| 6427 | 5338 | 2530 | 2032 |
| × 620 | × 268 | × 368 | × 212 |
| 128540 | 42704 | 20240 | 4064 |
| 3856200 | 320280 | 151800 | 20320 |
| 3984740 | 1067600 | 759000 | 406400 |
| | 1430584 | 931040 | 430784 |

Score ____________ Date ____________

| | | | |
|---|---|---|---|
| 5897 × 305 | 5996 × 683 | 9267 × 765 | 8439 × 924 |
| 8627 × 128 | 6468 × 134 | 4315 × 140 | 9414 × 941 |
| 2699 × 539 | 3298 × 880 | 1012 × 822 | 8300 × 415 |

Answer Key

| | | | |
|---|---|---|---|
| 5897<br>× 305<br>29485<br>1769100<br>1798585 | 5996<br>× 683<br>17988<br>479680<br>3597600<br>4095268 | 9267<br>× 765<br>46335<br>556020<br>6486900<br>7089255 | 8439<br>× 924<br>33756<br>168780<br>7595100<br>7797636 |
| 8627<br>× 128<br>69016<br>172540<br>862700<br>1104256 | 6468<br>× 134<br>25872<br>194040<br>646800<br>866712 | 4315<br>× 140<br>172600<br>431500<br>604100 | 9414<br>× 941<br>9414<br>376560<br>8472600<br>8858574 |
| 2699<br>× 539<br>24291<br>80970<br>1349500<br>1454761 | 3298<br>× 880<br>263840<br>2638400<br>2902240 | 1012<br>× 822<br>2024<br>20240<br>809600<br>831864 | 8300<br>× 415<br>41500<br>83000<br>3320000<br>3444500 |

Score ____________________ Date ____________________

| | | | |
|---|---|---|---|
| 5480 × 289 | 3442 × 639 | 4059 × 507 | 5153 × 818 |
| 1820 × 144 | 5240 × 688 | 2531 × 183 | 7923 × 242 |
| 9022 × 362 | 5584 × 330 | 9521 × 778 | 7746 × 354 |

Answer Key

| | | | |
|---|---|---|---|
| 5480 | 3442 | 4059 | 5153 |
| × 289 | × 639 | × 507 | × 818 |
| 49320 | 30978 | 28413 | 41224 |
| 438400 | 103260 | 2029500 | 51530 |
| 1096000 | 2065200 | 2057913 | 4122400 |
| 1583720 | 2199438 | | 4215154 |

| | | | |
|---|---|---|---|
| 1820 | 5240 | 2531 | 7923 |
| × 144 | × 688 | × 183 | × 242 |
| 7280 | 41920 | 7593 | 15846 |
| 72800 | 419200 | 202480 | 316920 |
| 182000 | 3144000 | 253100 | 1584600 |
| 262080 | 3605120 | 463173 | 1917366 |

| | | | |
|---|---|---|---|
| 9022 | 5584 | 9521 | 7746 |
| × 362 | × 330 | × 778 | × 354 |
| 18044 | 167520 | 76168 | 30984 |
| 541320 | 1675200 | 666470 | 387300 |
| 2706600 | 1842720 | 6664700 | 2323800 |
| 3265964 | | 7407338 | 2742084 |

# YOU FINISHED!

# CHAPTER 4

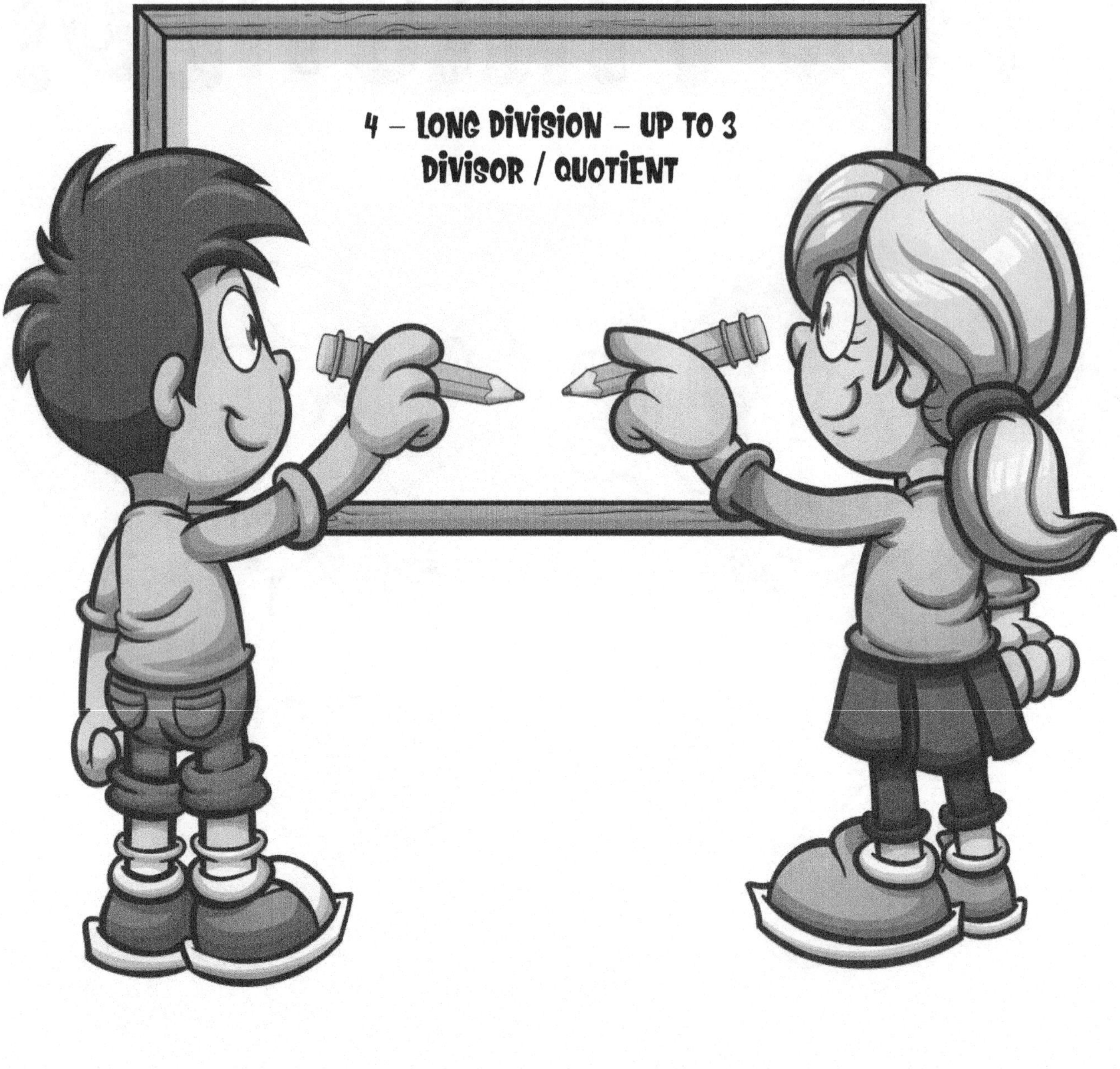
4 – LONG DIVISION – UP TO 3
DIVISOR / QUOTIENT

Score _______________ Date _______________

| | | | |
|---|---|---|---|
| $4\overline{)20}$ | $5\overline{)15}$ | $6\overline{)43}$ | $6\overline{)30}$ |
| $9\overline{)48}$ | $4\overline{)13}$ | $7\overline{)46}$ | $3\overline{)17}$ |
| $9\overline{)82}$ | $4\overline{)31}$ | $5\overline{)45}$ | $7\overline{)49}$ |
| $7\overline{)21}$ | $4\overline{)24}$ | $9\overline{)75}$ | $7\overline{)17}$ |

Answer Key

| | | | |
|---|---|---|---|
| 5<br>4 ) 20<br>20<br>0 | 3<br>5 ) 15<br>15<br>0 | 7r 1<br>6 ) 43<br>42<br>1 | 5<br>6 ) 30<br>30<br>0 |
| 5r 3<br>9 ) 48<br>45<br>3 | 3r 1<br>4 ) 13<br>12<br>1 | 6r 4<br>7 ) 46<br>42<br>4 | 5r 2<br>3 ) 17<br>15<br>2 |
| 9r 1<br>9 ) 82<br>81<br>1 | 7r 3<br>4 ) 31<br>28<br>3 | 9<br>5 ) 45<br>45<br>0 | 7<br>7 ) 49<br>49<br>0 |
| 3<br>7 ) 21<br>21<br>0 | 6<br>4 ) 24<br>24<br>0 | 8r 3<br>9 ) 75<br>72<br>3 | 2r 3<br>7 ) 17<br>14<br>3 |

Score ________________ Date ________________

| | | | |
|---|---|---|---|
| $4\overline{)12}$ | $8\overline{)40}$ | $2\overline{)14}$ | $8\overline{)32}$ |
| $5\overline{)35}$ | $6\overline{)33}$ | $6\overline{)42}$ | $9\overline{)42}$ |
| $3\overline{)25}$ | $9\overline{)48}$ | $8\overline{)25}$ | $9\overline{)34}$ |
| $7\overline{)26}$ | $4\overline{)28}$ | $5\overline{)15}$ | $4\overline{)24}$ |

Answer Key

| | | | |
|---|---|---|---|
| 3 | 5 | 7 | 4 |
| 4 ) 12 | 8 ) 40 | 2 ) 14 | 8 ) 32 |
| 12 | 40 | 14 | 32 |
| 0 | 0 | 0 | 0 |

| | | | |
|---|---|---|---|
| 7 | 5r 3 | 7 | 4r 6 |
| 5 ) 35 | 6 ) 33 | 6 ) 42 | 9 ) 42 |
| 35 | 30 | 42 | 36 |
| 0 | 3 | 0 | 6 |

| | | | |
|---|---|---|---|
| 8r 1 | 5r 3 | 3r 1 | 3r 7 |
| 3 ) 25 | 9 ) 48 | 8 ) 25 | 9 ) 34 |
| 24 | 45 | 24 | 27 |
| 1 | 3 | 1 | 7 |

| | | | |
|---|---|---|---|
| 3r 5 | 7 | 3 | 6 |
| 7 ) 26 | 4 ) 28 | 5 ) 15 | 4 ) 24 |
| 21 | 28 | 15 | 24 |
| 5 | 0 | 0 | 0 |

Score ________________ Date ________________

| | | | |
|---|---|---|---|
| $9\overline{)61}$ | $8\overline{)21}$ | $3\overline{)10}$ | $8\overline{)56}$ |
| $3\overline{)21}$ | $3\overline{)14}$ | $3\overline{)15}$ | $6\overline{)34}$ |
| $6\overline{)15}$ | $7\overline{)30}$ | $4\overline{)16}$ | $6\overline{)40}$ |
| $9\overline{)27}$ | $2\overline{)12}$ | $7\overline{)56}$ | $6\overline{)42}$ |

Answer Key

$$\begin{array}{r} 6\text{r } 7 \\ 9\overline{)61} \\ \underline{54} \\ 7 \end{array} \quad \begin{array}{r} 2\text{r } 5 \\ 8\overline{)21} \\ \underline{16} \\ 5 \end{array} \quad \begin{array}{r} 3\text{r } 1 \\ 3\overline{)10} \\ \underline{9} \\ 1 \end{array} \quad \begin{array}{r} 7 \\ 8\overline{)56} \\ \underline{56} \\ 0 \end{array}$$

$$\begin{array}{r} 7 \\ 3\overline{)21} \\ \underline{21} \\ 0 \end{array} \quad \begin{array}{r} 4\text{r } 2 \\ 3\overline{)14} \\ \underline{12} \\ 2 \end{array} \quad \begin{array}{r} 5 \\ 3\overline{)15} \\ \underline{15} \\ 0 \end{array} \quad \begin{array}{r} 5\text{r } 4 \\ 6\overline{)34} \\ \underline{30} \\ 4 \end{array}$$

$$\begin{array}{r} 2\text{r } 3 \\ 6\overline{)15} \\ \underline{12} \\ 3 \end{array} \quad \begin{array}{r} 4\text{r } 2 \\ 7\overline{)30} \\ \underline{28} \\ 2 \end{array} \quad \begin{array}{r} 4 \\ 4\overline{)16} \\ \underline{16} \\ 0 \end{array} \quad \begin{array}{r} 6\text{r } 4 \\ 6\overline{)40} \\ \underline{36} \\ 4 \end{array}$$

$$\begin{array}{r} 3 \\ 9\overline{)27} \\ \underline{27} \\ 0 \end{array} \quad \begin{array}{r} 6 \\ 2\overline{)12} \\ \underline{12} \\ 0 \end{array} \quad \begin{array}{r} 8 \\ 7\overline{)56} \\ \underline{56} \\ 0 \end{array} \quad \begin{array}{r} 7 \\ 6\overline{)42} \\ \underline{42} \\ 0 \end{array}$$

Score ________________ Date ________________

| | | | |
|---|---|---|---|
| $5\overline{)35}$ | $3\overline{)19}$ | $9\overline{)45}$ | $3\overline{)23}$ |
| $8\overline{)32}$ | $6\overline{)23}$ | $2\overline{)5}$ | $7\overline{)42}$ |
| $5\overline{)43}$ | $5\overline{)24}$ | $4\overline{)12}$ | $6\overline{)30}$ |
| $3\overline{)9}$ | $8\overline{)48}$ | $7\overline{)52}$ | $4\overline{)35}$ |

Answer Key

$$\begin{array}{r} 7 \\ 5\overline{)35} \\ \underline{35} \\ 0 \end{array} \qquad \begin{array}{r} 6\text{r } 1 \\ 3\overline{)19} \\ \underline{18} \\ 1 \end{array} \qquad \begin{array}{r} 5 \\ 9\overline{)45} \\ \underline{45} \\ 0 \end{array} \qquad \begin{array}{r} 7\text{r } 2 \\ 3\overline{)23} \\ \underline{21} \\ 2 \end{array}$$

$$\begin{array}{r} 4 \\ 8\overline{)32} \\ \underline{32} \\ 0 \end{array} \qquad \begin{array}{r} 3\text{r } 5 \\ 6\overline{)23} \\ \underline{18} \\ 5 \end{array} \qquad \begin{array}{r} 2\text{r } 1 \\ 2\overline{)5} \\ \underline{4} \\ 1 \end{array} \qquad \begin{array}{r} 6 \\ 7\overline{)42} \\ \underline{42} \\ 0 \end{array}$$

$$\begin{array}{r} 8\text{r } 3 \\ 5\overline{)43} \\ \underline{40} \\ 3 \end{array} \qquad \begin{array}{r} 4\text{r } 4 \\ 5\overline{)24} \\ \underline{20} \\ 4 \end{array} \qquad \begin{array}{r} 3 \\ 4\overline{)12} \\ \underline{12} \\ 0 \end{array} \qquad \begin{array}{r} 5 \\ 6\overline{)30} \\ \underline{30} \\ 0 \end{array}$$

$$\begin{array}{r} 3 \\ 3\overline{)9} \\ \underline{9} \\ 0 \end{array} \qquad \begin{array}{r} 6 \\ 8\overline{)48} \\ \underline{48} \\ 0 \end{array} \qquad \begin{array}{r} 7\text{r } 3 \\ 7\overline{)52} \\ \underline{49} \\ 3 \end{array} \qquad \begin{array}{r} 8\text{r } 3 \\ 4\overline{)35} \\ \underline{32} \\ 3 \end{array}$$

Score ________________ Date ________________

| | | | |
|---|---|---|---|
| $5\overline{)30}$ | $9\overline{)45}$ | $4\overline{)34}$ | $2\overline{)19}$ |
| $2\overline{)7}$ | $3\overline{)18}$ | $2\overline{)15}$ | $3\overline{)15}$ |
| $5\overline{)10}$ | $2\overline{)5}$ | $5\overline{)45}$ | $6\overline{)39}$ |
| $5\overline{)15}$ | $7\overline{)25}$ | $7\overline{)35}$ | $4\overline{)8}$ |

Answer Key

| | | | |
|---|---|---|---|
| 6 | 5 | 8r 2 | 9r 1 |
| $5\overline{)30}$ | $9\overline{)45}$ | $4\overline{)34}$ | $2\overline{)19}$ |
| 30 | 45 | 32 | 18 |
| 0 | 0 | 2 | 1 |

| | | | |
|---|---|---|---|
| 3r 1 | 6 | 7r 1 | 5 |
| $2\overline{)7}$ | $3\overline{)18}$ | $2\overline{)15}$ | $3\overline{)15}$ |
| 6 | 18 | 14 | 15 |
| 1 | 0 | 1 | 0 |

| | | | |
|---|---|---|---|
| 2 | 2r 1 | 9 | 6r 3 |
| $5\overline{)10}$ | $2\overline{)5}$ | $5\overline{)45}$ | $6\overline{)39}$ |
| 10 | 4 | 45 | 36 |
| 0 | 1 | 0 | 3 |

| | | | |
|---|---|---|---|
| 3 | 3r 4 | 5 | 2 |
| $5\overline{)15}$ | $7\overline{)25}$ | $7\overline{)35}$ | $4\overline{)8}$ |
| 15 | 21 | 35 | 8 |
| 0 | 4 | 0 | 0 |

Score ________________ Date ________________

| | | | |
|---|---|---|---|
| $3\overline{)22}$ | $6\overline{)58}$ | $2\overline{)7}$ | $2\overline{)16}$ |
| $9\overline{)21}$ | $6\overline{)37}$ | $9\overline{)63}$ | $2\overline{)11}$ |
| $6\overline{)51}$ | $4\overline{)16}$ | $4\overline{)10}$ | $9\overline{)85}$ |
| $4\overline{)33}$ | $2\overline{)9}$ | $8\overline{)57}$ | $2\overline{)18}$ |

Answer Key

$$\begin{array}{r} 7\text{r } 1 \\ 3\overline{)22} \\ \underline{21} \\ 1 \end{array} \qquad \begin{array}{r} 9\text{r } 4 \\ 6\overline{)58} \\ \underline{54} \\ 4 \end{array} \qquad \begin{array}{r} 3\text{r } 1 \\ 2\overline{)7} \\ \underline{6} \\ 1 \end{array} \qquad \begin{array}{r} 8 \\ 2\overline{)16} \\ \underline{16} \\ 0 \end{array}$$

$$\begin{array}{r} 2\text{r } 3 \\ 9\overline{)21} \\ \underline{18} \\ 3 \end{array} \qquad \begin{array}{r} 6\text{r } 1 \\ 6\overline{)37} \\ \underline{36} \\ 1 \end{array} \qquad \begin{array}{r} 7 \\ 9\overline{)63} \\ \underline{63} \\ 0 \end{array} \qquad \begin{array}{r} 5\text{r } 1 \\ 2\overline{)11} \\ \underline{10} \\ 1 \end{array}$$

$$\begin{array}{r} 8\text{r } 3 \\ 6\overline{)51} \\ \underline{48} \\ 3 \end{array} \qquad \begin{array}{r} 4 \\ 4\overline{)16} \\ \underline{16} \\ 0 \end{array} \qquad \begin{array}{r} 2\text{r } 2 \\ 4\overline{)10} \\ \underline{8} \\ 2 \end{array} \qquad \begin{array}{r} 9\text{r } 4 \\ 9\overline{)85} \\ \underline{81} \\ 4 \end{array}$$

$$\begin{array}{r} 8\text{r } 1 \\ 4\overline{)33} \\ \underline{32} \\ 1 \end{array} \qquad \begin{array}{r} 4\text{r } 1 \\ 2\overline{)9} \\ \underline{8} \\ 1 \end{array} \qquad \begin{array}{r} 7\text{r } 1 \\ 8\overline{)57} \\ \underline{56} \\ 1 \end{array} \qquad \begin{array}{r} 9 \\ 2\overline{)18} \\ \underline{18} \\ 0 \end{array}$$

Score ________________ Date ________________

| | | | |
|---|---|---|---|
| $9\overline{)80}$ | $5\overline{)19}$ | $7\overline{)49}$ | $6\overline{)27}$ |
| $3\overline{)26}$ | $8\overline{)32}$ | $8\overline{)72}$ | $7\overline{)14}$ |
| $5\overline{)49}$ | $5\overline{)40}$ | $7\overline{)34}$ | $4\overline{)32}$ |
| $3\overline{)6}$ | $6\overline{)42}$ | $8\overline{)63}$ | $3\overline{)18}$ |

Answer Key

| | | | |
|---|---|---|---|
| 8r 8 | 3r 4 | 7 | 4r 3 |
| 9)80 | 5)19 | 7)49 | 6)27 |
| 72 | 15 | 49 | 24 |
| 8 | 4 | 0 | 3 |

| | | | |
|---|---|---|---|
| 8r 2 | 4 | 9 | 2 |
| 3)26 | 8)32 | 8)72 | 7)14 |
| 24 | 32 | 72 | 14 |
| 2 | 0 | 0 | 0 |

| | | | |
|---|---|---|---|
| 9r 4 | 8 | 4r 6 | 8 |
| 5)49 | 5)40 | 7)34 | 4)32 |
| 45 | 40 | 28 | 32 |
| 4 | 0 | 6 | 0 |

| | | | |
|---|---|---|---|
| 2 | 7 | 7r 7 | 6 |
| 3)6 | 6)42 | 8)63 | 3)18 |
| 6 | 42 | 56 | 18 |
| 0 | 0 | 7 | 0 |

Score ________________ Date ________________

$26\overline{)2140}$ $67\overline{)2412}$

$15\overline{)375}$ $65\overline{)737}$

$34\overline{)952}$ $25\overline{)2100}$

Answer Key

$$\begin{array}{r} 82\text{r } 8 \\ 26\overline{)2140} \\ \underline{208} \\ 60 \\ \underline{52} \\ 8 \end{array}$$

$$\begin{array}{r} 36 \\ 67\overline{)2412} \\ \underline{201} \\ 402 \\ \underline{402} \\ 0 \end{array}$$

$$\begin{array}{r} 25 \\ 15\overline{)375} \\ \underline{30} \\ 75 \\ \underline{75} \\ 0 \end{array}$$

$$\begin{array}{r} 11\text{r } 22 \\ 65\overline{)737} \\ \underline{65} \\ 87 \\ \underline{65} \\ 22 \end{array}$$

$$\begin{array}{r} 28 \\ 34\overline{)952} \\ \underline{68} \\ 272 \\ \underline{272} \\ 0 \end{array}$$

$$\begin{array}{r} 84 \\ 25\overline{)2100} \\ \underline{200} \\ 100 \\ \underline{100} \\ 0 \end{array}$$

Score ________________ Date ______________

22 ) 937

59 ) 3886

56 ) 672

52 ) 2756

47 ) 2477

71 ) 2698

Answer Key

```
       42r 13
22 ) 937
     88
      57
      44
      13
```

```
       65r 51
59 ) 3886
     354
      346
      295
       51
```

```
        12
56 ) 672
     56
     112
     112
       0
```

```
         53
52 ) 2756
     260
      156
      156
        0
```

```
        52r 33
47 ) 2477
     235
      127
       94
       33
```

```
         38
71 ) 2698
     213
      568
      568
        0
```

Score _______________ Date _______________

$85\overline{)1597}$ $35\overline{)637}$

$67\overline{)5755}$ $44\overline{)1232}$

$77\overline{)2685}$ $93\overline{)7254}$

Answer Key

18r 67
85 ) 1597
85
747
680
67

18r 7
35 ) 637
35
287
280
7

85r 60
67 ) 5755
536
395
335
60

28
44 ) 1232
88
352
352
0

34r 67
77 ) 2685
231
375
308
67

78
93 ) 7254
651
744
744
0

Score ________________ Date _______________

$46\overline{)3457}$ $29\overline{)696}$

$27\overline{)1026}$ $28\overline{)1381}$

$28\overline{)1339}$ $63\overline{)4158}$

Answer Key

```
       75r 7
46 ) 3457
     322
      237
      230
        7
```

```
      24
29 ) 696
     58
     116
     116
       0
```

```
       38
27 ) 1026
      81
     216
     216
       0
```

```
        49r 9
28 ) 1381
     112
      261
      252
        9
```

```
       47r 23
28 ) 1339
     112
      219
      196
       23
```

```
        66
63 ) 4158
     378
      378
      378
        0
```

Score ________________ Date ________________

$77\overline{)7109}$ $64\overline{)5632}$

$38\overline{)1037}$ $55\overline{)2640}$

$34\overline{)1292}$ $37\overline{)2940}$

Answer Key

```
      92r 25
77 )7109
    693
     179
     154
      25
```

```
      88
64 )5632
    512
     512
     512
       0
```

```
      27r 11
38 )1037
      76
     277
     266
      11
```

```
      48
55 )2640
    220
     440
     440
       0
```

```
      38
34 )1292
    102
     272
     272
       0
```

```
      79r 17
37 )2940
    259
     350
     333
      17
```

Score ________________ Date ________________

$16\overline{)768}$

$77\overline{)2789}$

$86\overline{)2150}$

$36\overline{)540}$

$62\overline{)2790}$

$69\overline{)3105}$

Answer Key

```
     48
16)768
   64
   128
   128
     0
```

```
    36r 17
77)2789
   231
    479
    462
     17
```

```
     25
86)2150
   172
    430
    430
      0
```

```
    15
36)540
   36
   180
   180
     0
```

```
     45
62)2790
   248
    310
    310
      0
```

```
     45
69)3105
   276
    345
    345
      0
```

Score ________________ Date ________________

$78\overline{)6006}$ $54\overline{)3392}$

$82\overline{)7041}$ $36\overline{)1872}$

$49\overline{)4643}$ $54\overline{)3776}$

Answer Key

```
      77
78 ) 6006
     546
      546
      546
        0
```

```
      62r 44
54 ) 3392
     324
      152
      108
       44
```

```
      85r 71
82 ) 7041
     656
      481
      410
       71
```

```
      52
36 ) 1872
     180
       72
       72
        0
```

```
      94r 37
49 ) 4643
     441
      233
      196
       37
```

```
      69r 50
54 ) 3776
     324
      536
      486
       50
```

Score ________________ Date ________________

$774\overline{)561924}$ $802\overline{)695707}$

$852\overline{)467748}$ $369\overline{)325458}$

Answer Key

```
        726
774)561924
    5418
     2012
     1548
      4644
      4644
         0
```

```
        867r 373
802)695707
    6416
     5410
     4812
      5987
      5614
       373
```

```
        549
852)467748
    4260
     4174
     3408
      7668
      7668
         0
```

```
        882
369)325458
    2952
     3025
     2952
       738
       738
         0
```

Score ______________ Date ______________

657 ⟌ 136656

437 ⟌ 204079

273 ⟌ 253617

546 ⟌ 413490

Answer Key

```
        208
657 )136656
     1314
       525
         0
       5256
       5256
          0
```

```
        467
437 )204079
     1748
      2927
      2622
       3059
       3059
          0
```

```
        929
273 )253617
     2457
       791
       546
       2457
       2457
          0
```

```
        757r 168
546 )413490
     3822
      3129
      2730
       3990
       3822
        168
```

Score _______________ Date _______________

$162\overline{)34344}$ $509\overline{)174473}$

$592\overline{)583712}$ $899\overline{)258258}$

Answer Key

```
         212
162 ) 34344
      324
       194
       162
        324
        324
          0
```

```
          342r 395
509 ) 174473
      1527
       2177
       2036
        1413
        1018
         395
```

```
          986
592 ) 583712
      5328
       5091
       4736
        3552
        3552
           0
```

```
          287r 245
899 ) 258258
      1798
       7845
       7192
        6538
        6293
         245
```

Score ________________ Date ________________

$384\overline{)90624}$ $285\overline{)110580}$

$722\overline{)576878}$ $153\overline{)67967}$

Answer Key

```
       236
384 )90624
     768
     1382
     1152
      2304
      2304
         0
```

```
        388
285 )110580
       855
       2508
       2280
        2280
        2280
           0
```

```
        799
722 )576878
     5054
      7147
      6498
       6498
       6498
          0
```

```
      444r 35
153 )67967
     612
      676
      612
       647
       612
        35
```

Score ______________ Date ______________

$377\overline{)164691}$ $167\overline{)75523}$

$869\overline{)733965}$ $788\overline{)193383}$

Answer Key

```
         436r 319
377 ) 164691
      1508
       1389
       1131
        2581
        2262
         319
```

```
        452r 39
167 ) 75523
      668
       872
       835
        373
        334
         39
```

```
         844r 529
869 ) 733965
      6952
       3876
       3476
        4005
        3476
         529
```

```
          245r 323
788 ) 193383
      1576
       3578
       3152
        4263
        3940
         323
```

Score ________________ Date ________________

$494 \overline{)485184}$ $345 \overline{)126479}$

$529 \overline{)449121}$ $744 \overline{)574368}$

Answer Key

```
           982r 76
494 ) 485184
      4446
       4058
       3952
        1064
         988
          76
```

```
           366r 209
345 ) 126479
      1035
       2297
       2070
        2279
        2070
         209
```

```
           849
529 ) 449121
      4232
       2592
       2116
        4761
        4761
           0
```

```
           772
744 ) 574368
      5208
       5356
       5208
        1488
        1488
           0
```

Score ________________ Date _______________

$276\overline{)43815}$ $768\overline{)267264}$

$294\overline{)127792}$ $182\overline{)86496}$

Answer Key

```
      158r 207
276 ) 43815
      276
      1621
      1380
       2415
       2208
        207
```

```
          348
768 ) 267264
      2304
       3686
       3072
        6144
        6144
           0
```

```
        434r 196
294 ) 127792
      1176
       1019
        882
        1372
        1176
         196
```

```
        475r 46
182 ) 86496
      728
      1369
      1274
        956
        910
         46
```

# YOU FINISHED EVERYTHING!

# SEARCH AMAZON FOR MORE BOOKS BY HOMESCHOOL INK. AND JOURNALS INK.

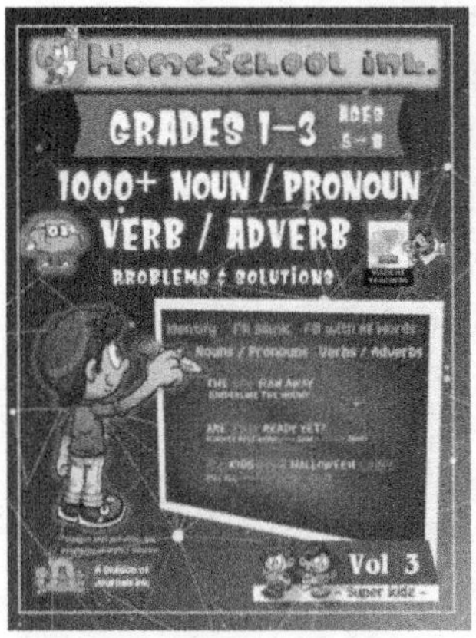

Made in the USA
Monee, IL
19 November 2022

17987849R00070